Axel Gauvin Kindheitshunger

Axel Gauvin

KINDHEITSHUNGER

Roman aus Réunion

Aus dem Französischen von Heinrich Raatschen

GALILEO
im Peter Hammer Verlag

Axel Gauvin, geboren 1944 auf Réunion, studierte Naturwissenschaften und ist Lehrer. Er setzt sich in seinen literarischen Arbeiten für die kreolische Sprache und Kultur Réunions ein. *Kindheitshunger* erschien 1987 auf französisch als sein zweiter Roman. In kreolischer Sprache veröffentlichte Axel Gauvin Geschichten, Gedichte und Theaterstücke.

Kindheitshunger erscheint in der Reihe GALILEO

Originaltitel: *Faims d'enfance*
Éditions du Seuil, Paris 1987

Die Deutsche Bibliothek – CIP-Einheitsaufnahme

Gauvin, Axel:
Kindheitshunger : Roman / Axel Gauvin. Aus dem Franz. von Heinrich Raatschen. – Wuppertal : Hammer, 1995
(Galileo)
Einheitssacht.: Faims d'enfance <dt.>
ISBN 3-87294-643-9

Umschlaggestaltung: Wolf Erlbruch
Lektorat: Gudrun Honke
Satz: Greiner & Reichel, Köln
Druck und Bindung: Clausen & Bosse, Leck

Für meine Vorfahrin, die indische Inderin,
deren Namen ich nicht kenne.

Für Krishna, Bharati, Carpanin, Vadivel,
Soubaya …

Für Djamila.

I

MONTAG, 3. SEPTEMBER

Nein, ich esse das nicht! Ich habe Vater doch immer wieder gesagt, daß ihre Schulkantine für Soubaya nichts ist. Lieber zu Hause eine Tasse Kressesuppe als diese Wagenladungen Reis, Fleisch und Fisch, mit denen mir die Hungerleider hier seit heute morgen in den Ohren liegen. Nein, trotz Papas strenger Miene und all seiner Drohungen – nicht ein Bissen ihres Essens wird mir zwischen die Zähne kommen.

„Hör gut zu!" geht er mir seit zehn Tagen auf die Nerven. „Du gehst um elf in die Kantine! Du setzt dich vor deinen Teller! Und dann – laß deinen Magen sich vor Hunger krümmen, wenn du es unbedingt darauf anlegst. Aber wehe, mir kommt wieder zu Ohren, daß du hinterher losgegangen bist und Zuckerrohr und Guaven gestohlen hast, um etwas in den Magen zu bekommen!"

Der Schädel des alten Tamilen ist hart wie ein Kiesel vom Ufer des Ganges, aber schließlich bin ich nicht umsonst sein Sohn. Wenn es sein muß, sterbe ich vor Hunger. Aber ihren Fraß – niemals! Noch verdient der Alte mit seinem Zimmermannshandwerk so viel, daß wir zu Hause immer etwas Anständiges im Topf haben. Ich werde doch nicht ausgerechnet in meinem letzten

Schuljahr damit anfangen, von einem Teller zu essen, von dem ich leider zu genau weiß, wie schlecht er gespült wurde, und schon gar nicht in der Gesellschaft von Vielfraßen, die nur zur Schule gehen, um sich in der Kantine den Bauch vollzuschlagen.

Wenn Mama noch da wäre, hätte sie das niemals, wirklich niemals zugelassen, und natürlich säßen wir dann nicht in diesem gottverlassenen Nest am Ende der Welt. Und ich wäre nicht der einzige Schwarze unter lauter Weißen, die ‚Schmeißfliege, die in die Milch geplumpst ist', wie sie sagen. Nun gut, gestehen wir ihnen einmal zu, ich sei die Fliege und sie die Milch. Aber dann – was wäre das für eine Milch! Völlig wertlos!

Außerdem, was geht mich die Schule überhaupt noch an! Mit meinen fünfzehn Jahren, die ich auf dem Buckel habe, was bin ich denn hier – und was wäre ich auf einer anderen Schule? –, wenn nicht der Oberidiot inmitten all dieser Gören, die wild in alle Richtungen rennen wie gerade in die Freiheit entflohene Sklaven. Wenn wenigstens die Bibliothek ... Doch kann man das eine Bibliothek nennen, diese armseligen paar Bücher hinter Schloß und Riegel? Die läse ich in acht Tagen durch, wenn die Direktorin sie nur ausleihen würde. Überhaupt die Direktorin! Die soll sich doch in den Galaber-Sträuchern verkriechen! Eine Direktorin, die am ersten Schultag nicht anwesend ist! So etwas erlebt man wirklich nur hier!

Mir gegenüber sitzt ein dicker, essender Kopf. Er ißt nicht, er frißt, er stopft sich voll. Umwerfend, wie dieser Kopf, dick wie ein Kürbis, das Essen hinunterschlingt, sich damit bekleckert und davon überquillt. Und noch einen Berg Reis! Und noch eine Schaufel dicke Erbsen! Und noch mehr Reis! Der halbe Reis fällt zurück auf den Teller. Ein Gemisch von Erbsensoße und Spucke spritzt bis zu dir herüber. Widerlich!

Nur das Fleisch rührt Kürbiskopf nicht an. Weil er sich das garantiert bis zum Schluß aufhebt. Ganz anders als die Kinder reicher Leute. Die essen das sofort, in der Gewißheit, daß sie davon noch mehr bekommen können und noch etwas, wann immer sie wollen. Es sei denn, sie geben eine Vorstellung als Trotzkopf, als ‚Hab kein Hunger', als ‚Mag das nicht', wie der, dem ich einmal zugesehen habe. Ich frage mich, ob mir Kürbiskopf da nicht lieber ist. Auf jeden Fall, hier ist kein einziges Kind reicher Leute. Was hätte es auch in solch einem trostlosen Nest verloren!

*

Der Geruch sagt dir, daß dieses Curry aus Rindfleisch besteht. Ich hatte noch keine Gelegenheit, gebratenes Rindfleisch zu riechen, doch ich weiß, daß es genau diesen Geruch hat. Was sollte es sonst sein?

Rindfleisch rührt bei uns zu Hause niemand an. Das verbietet uns unsere Religion ganz kategorisch. Ihm würde schlecht – nicht wahr, Papa?–, wenn er erführe, daß man uns das aufzwingt. Aber weshalb sollte er es eigentlich nicht erfahren? Weshalb sollte ich mir das Vergnügen entgehen lassen, es ihm zu sagen, und zwar noch heute abend? Wir werden ja sehen, ob er mich dann weiter zwingt, in dem Schweinestall hier zu verrecken!

Oh, dieses Curry! Nicht für Millionen würde ich es essen! Auch nicht die Soße und nicht den Reis mit Soße! Sogar den Reis ohne Soße nicht. Selbst wenn es anderes Fleisch wäre, ein anderes Essen, das beste Massala der Welt! – ich würde es nicht essen. Ich esse das Essen von zu Hause, und ich esse es zu Hause, oder ich esse gar nicht! So ist das!

Mit der Spitze meiner Gabel hebe ich vorsichtig eines der Rindfleischstücke hoch, welche die dicke weiße Küchenfrau mir aufgezwungen hat. Ich bin mir nicht sicher, ob die Vorsicht meiner Umgangsweise mit dem Fleisch gänzlich der gebotenen Ehrfurcht entspringt oder mehr meiner Angst. Es ist eine Sache zu wissen, daß Kühe heilig sind, doch ihr Fleisch zu essen ist so streng verboten, daß ich mich frage, ob ich angesichts dieses Curry nicht mehr Schiß habe als irgend etwas anderes.

„He! Malabar*! Ißt du nichts?“

Kürbiskopf weiß ganz genau, daß wir Hindus kein Rindfleisch essen. Er sieht auch genau, daß ich mein Essen nicht einmal angerührt habe. Ich hebe den Kopf, um herauszufinden, welcher Hintergedanke sich so schlecht in dieser dicken Kokosnuß ohne Nuß und ohne Milch verbirgt.

Er war es gar nicht, der mich gefragt hatte. Es waren zwei rosig aufgedunsene Backen, die von einem anderen Tisch herübergekommen sind. In der linken Hand, gegen seinen alten, schmutzverkrusteten Pullover gedrückt, hält Rosabacke seinen noch halbvollen Teller. Seine Rechte legt er auf meinen Teller. Kürbiskopf tut mit einer schnellen Bewegung dasselbe. Offensichtlich hat keiner der beiden die Absicht loszulassen. Au, au, au. Das setzt garantiert Schläge. Ganz bestimmt werden die beiden Draufgänger sich für zwei oder drei Stückchen Fleisch gegenseitig die Rippen brechen. Und noch dazu für Rindfleisch!

Und ich, ich möchte gar nicht wissen, daß dieser Teller so tut, als gehöre er mir. Ich halte mir die Augen zu, wenigstens, was die Ursache des Kampfes angeht, stopfe mir Mispelkerne in die

* verächtliche Bezeichnung für die Hindus auf Réunion, die meistens von der Malabar-Küste in Südwest-Indien stammen

Ohren und nehme meinen Löffel von diesem Essen herunter, das in keiner Weise für mich gekocht war.

DIENSTAG 4. SEPTEMBER

Rosabacke hat sich mir gegenüber hingesetzt. Weil er gestern Kürbiskopf besiegt hat, spielt er heute den Matador, Maulhelden und Sieger. Armer Kürbiskopf! Nicht einmal mehr aufstehen konnte er. So viele Hiebe bekam er auf seine dicke Kokosnuß, daß die Milch darin schlecht wurde.

Gestern also hat Rosabacke Kürbiskopf eine Tracht Prügel verabreicht, heute nimmt er ihm den Platz weg. Wahrscheinlich, damit er nur den Arm auszustrecken braucht, um nach meinem Teller greifen zu können. Auch Rosabacke tut nichts anderes als herunterschlingen – ‚herunterschlucken' heißt das im Realienkunde-Buch: ‚Das Zäpfchen hebt sich, so daß der Zugang der Nasenhöhlen verschlossen ist.' Und so weiter und so weiter. Kurz, er stopft sich voll.

Schaufelweise Reis, unzerkaute Bohnen und dicke Stücke Curryfleisch plumpsen in seinen Wanst hinunter. Ich frage mich, wie er es anstellt, all das zu verdauen, was er da in sich hineinfrißt! Und wann er die Zeit dazu findet! Ein Schläfchen wie das, das ihn gestern auf sein Lesebuch niederdrückte – kurz bevor er, sobald die Lehrerin uns wegließ, Zuckerrohr stehlen lief –, ein so kleines Schläfchen reicht für die Verdauung doch wohl nicht aus.

Heute auf dem Speiseplan: Sardinen. Sardinen aus der Dose, doch was für ein guter Geruch davon ausgeht! Kaum zu glauben, wie mich dieser Duft anlockt. Aber – angelockt oder nicht, ob mir das Wasser im Mund zusammenläuft oder nicht und selbst wenn mein Magen sich gähnend auftut wie der Krater von La Fournaise: Mit meiner Kapitulation soll niemand rechnen.

„He! Malabar! Dein Essen ist für mich, he?" Ich gebe darauf keine Antwort. Was Rosabacke da gerade gebrüllt hat, war im übrigen auch gar keine Frage. Er hat seine eigenen Sardinen noch gar nicht aufgegessen. Um Kürbiskopfs Wunden erneut aufzureißen, versetzt Rosabacke ihm noch einen Stich: „Hast Du gehört, Fettgesicht? Der Teller vom Malabar ist für mich!"

Er lacht ein dreckiges Lachen, in dem die Sardinensoße von heute und bestimmt auch noch das Rindercurry von gestern schwappt. Ein fettes, ordinäres Schweinefettlachen.

Rosabacke lacht, und Kürbiskopf weint. Er weint tatsächlich. Und ich dachte, in diesem dikken Kürbis herrschte ewig schweigende Finsternis. Doch welches Wasser mag sich heute dort kräuseln oder welcher Windhauch sich regen? Die Schmach, sich vor dem Sporn des Hahns mit den Hängebacken gebeugt zu haben? Ärger? Neid auf die doppelte Portion? Neid also könnte den Kürbiskopf zum Weinen bringen?

MITTWOCH, 5. SEPTEMBER

Das Essen vom Malabar ist für mich!" Rosabacke steckt seinen Claim heute ziemlich früh ab. Da es nicht meiner ist, läßt mich das völlig kalt. Doch Rosabacke redet gleich weiter: „Wo wir gerade vom Malabar sprechen. Da ist einer, der steckt sich gleich einen rein. Ratet mal wo!"

Rosabackes Worte lassen die üblichen Schweinereien befürchten, das absurde schweinische Ritual. Und es läßt auch nicht eine Minute auf sich warten. Rosabacke stellt sich auf die Bank, streckt mir vor den Augen der versammelten Kantine seinen Hintern entgegen und steckt sich durch den Stoff seiner kurzen Hose den Finger in den Arsch: „Da, genau da steckt er sich einen rein!"

Er tut so, als röche er an seinen Fingern, und schneidet eine Grimasse: „Das stinkt! Das stinkt nach Curry, das stinkt nach Massala, das stinkt nach Malabar!"

Inmitten des brüllenden Gelächters, das, wie zu erwarten, ausbricht, steigt mir das Blut in meinen schwarzen Kopf. Scham, total blöde Scham überflutet mich. Und dann Wut. Langsam steigt die Wut in mir hoch und stopft der beschissenen Scham das Maul.

Eigentlich gehöre ich zu denen, die vor Wut gleich überschäumen, mit einem einzigen Schlag. Meine Wut steigt nicht langsam wie bei Flut, nein, sie entspringt den Tiefen des Meeres. Sie glimmt nicht wie ein leises Holzkohlenfeuer, sie entflammt wie Benzin. Meine Wut bricht nicht einen Moment später heraus, wenn es denn einen Moment gibt, sondern gleich, absolut sofort, und, das garantiere ich euch, nicht nur zum Schein: Meine Wut ist eine Sturmflut und ein tosender Orkan. Ich habe das sichere Gefühl, daß diese Wut zerstören, zertrümmern und niedermähen kann. Auch mich selbst, wenn es sich ergibt.

Aber – vielleicht, weil wir seit Generationen so viel und von allen Seiten erduldet haben – wenn es um meine Hautfarbe geht, um mein Volk, dann empfinde ich als erstes diese Scham. Die Wut kommt erst später, und wenn sie dann zum Ausbruch gelangt, ist der, der uns beleidigt hat, oft schon ungestört seiner Wege gegangen. Mein Herz, obgleich von Bitterkeit und Groll erfüllt, verstummt. Und selbst wenn ich den, der mich so beleidigt hat, später wiedersehe, sage ich mir, es ist besser, ihn in seiner Minderwertigkeit nicht weiter zu beachten.

Oft sage ich mir das. Doch heute ist der Schuft da, in meiner Reichweite. Er frißt sich voll, lacht, macht Witze auf meine Kosten. Ich bin voller Wut. Meine Hand klammert sich um einen Löffel, der auf dem Tisch liegt. Er streckt die Hand nach meinem Teller aus ... Der Hieb ging ganz von selbst los.

Nein, Soubaya, nicht ganz von selbst. Du hast ihn mit all deiner Kraft und all deiner Wut begleitet. Warum sagst du begleitet? Du warst das, genau du, Soubaya Caroupoullé, ausschließlich du, mit dem schwarzen Gesicht und dem schwarzen Körper, der dieses elende Massala ißt, der niedliche kleine Ziegen schlachtet, der zu Göttern mit viel zu vielen Armen betet, du Wilder, du Hüfttuch-Malabar*, du hast ihm diesen Löffel mit dem Stiel in die flache Hand gespießt. Du warst das!

Und soll er vor Schmerz schreien, soviel er will, der Hurensohn!

* rassistisches Schimpfwort für die Hindus auf Réunion, nach dem Hüfttuch, das in früheren Zeiten getragen wurde

FREITAG, 7. SEPTEMBER

Rosabacke hat es vorgezogen, sich an einen anderen Tisch zu setzen. Um so besser! Umso besser auch, daß er zur Schule gekommen ist und seine Finger noch bewegen kann, selbst wenn seine Hand tintenfaßblau angelaufen und auf die Größe eines Brötchens angeschwollen ist, was ihm bei seinen Tischnachbarn tiefes Mitleid verschafft. Den ganzen Abend über hatte ich gestern Sorge, ich hätte ihm vielleicht einen Knochen oder sonst etwas Schlimmes gebrochen. Ihm ist aber nicht viel passiert. Um so besser für ihn und auch für mich. Mein Herz bewahrt Haß und Rachegelüste nicht bis in alle Ewigkeit auf. Gestern hätte ich ihm ein Messer durch die Hand gestochen. An den Tisch genagelt hätte ich ihn, wie man den Bellier-Vogel, der die Maiskolben frißt, mitten auf den Maisfeldern annagelt. Doch heute: Ich bedaure es.

Warum? Bereust du etwa, dieses Schwein bestraft zu haben, das euch verachtet und offen beleidigt? Treiben die Malabars es also mit nie geputzten Hintern, mit Rosabacke-Ärschen, die statt Klopapier nur Feldgestein kennenlernen? Nein, nichts da! Du bereust überhaupt nichts! Deine

Wut ist verflogen, und nicht den kleinen Finger wirst du mehr gegen ihn erheben, aber Reue – niemals!

Kürbiskopf hat seinen Platz mir gegenüber wieder eingenommen. Er heißt Ary. Ary stopft sich immer noch voll, aber er nimmt sich nun die Zeit, den Kopf zu heben und mir zuzulächeln. Ein vom Essen aufgeblähtes Lächeln, doch egal, man kann nicht zuviel von ihm verlangen.

Nicht nur Ary sitzt am Tisch. Neben anderen auch ein kleiner stämmiger Bursche mit schwarzen Haaren, der mir sagt, er heiße Raymond. Raymond hat es geschafft, sich neben mich zu setzen. Während wir mitten beim Essen sind, gibt er mir kleine Stöße mit dem Ellenbogen: „Sag, paßt du auf mich auf?"

Also beschützen auch hier die Stärkeren die Schwächeren gegen andere Stärkere.

„Verteidigst du mich?"

Ich zucke mit den Schultern. Ich verspüre nicht die geringste Lust, mich für irgend jemanden zu prügeln.

„Morgen bringe ich dir zwei Zuckerrohrstangen mit", bietet Raymond an. „Zwei zarte, rosa Java-Stangen, süß wie Honigbonbons. Und ich bringe dir Mangos mit und Pampelmusen und Lychees und Longanen, je nach Jahreszeit ..."

„Ich will deine Longanen nicht, keine Lychees und Pampelmusen und kein Zuckerrohr und nichts!“

Raymond macht ein betrübtes Gesicht: „Der will mich verprügeln. Der will mich verprügeln, weil ich gelacht habe, gestern, als du ...“

„Das soll er mal versuchen!“

Raymond widmet sich beruhigt wieder seinem Essen. Ary ist schon fast fertig.

„Das schmeckt gut“, sagt er zu mir und zeigt auf das Stück Heringsrougail*, das er sich als Leckerbissen bis zum Schluß aufgehoben hat. „Das schmeckt!“

Mit einer schnellen Handbewegung kratzt Ary das restliche Essen von seinem Teller und leckt sich die Finger ab. Und dann, ohne Anlaß, scheinbar ohne Anlaß: „Ich mag die Ferien nicht!“

Ich weiß genau, daß Ary Ferien nicht mag, und ich weiß auch weshalb. Ferien, das heißt trockener Mais, grüne Guaven, hart wie Stein, und anschließend Zuckerrohrsaft, um den Magen wenigstens für einige Stunden zum Schweigen zu bringen. Nicht, daß ich etwas Schlechtes über das ‚steigende Wasser‘ sagen will, doch wären selbst die schönsten süßen Stangen, jene, die unter dem

* Gericht auf der Basis von Gemüse oder Früchten, mit Zitronensaft, Zwiebeln, Piment und Öl zubereitet. So gibt es z.B. Tomatenrougail, Mangorougail etc.

Taschenmesser wie von selbst aufsplittern und die ihren duftenden Saft schon preisgeben, wenn die Lippen sie nur leicht berühren, wären sie mit dem gewöhnlichsten Hühnerknochen vergleichbar, wenn es darum geht, den Magen zu besänftigen und den Hunger zu stillen? Und schließlich, während der endlosen Ferien der Regenzeit gibt es gar kein Zuckerrohr.

Leute wie Ary fürchten die Ferienzeit. Denn selbst wenn man gegen die Ferien die zusätzliche Fronarbeit, die sie einem aufbürden, nicht in die Waagschale wirft – das Schälen der aufrecht stehenden, sich mit der kräftigen Hilfe kratzender Borsten und rasiermesserscharfer Blätter verteidigenden Zuckerrohrstangen, das Herumschleppen der mit einem großen Messer umgehauenen Stangen auf mörderisch steilen Abhängen, das Ausstreuen des Düngemittels, das einem die Haut zerfrißt – , wenn man all das nicht in die Waagschale wirft, selbst dann bedeuten Ferien in einem elenden Loch wie diesem hier nur leeren Bauch und Hunger. Schule hingegen heißt richtig gutes Essen: Reis, Bohnen und Fleisch.

„Die Schule lebe hoch!" denkt Ary. „Die Schule lebe hoch!" denkt er und sagt es auch, selbst wenn er in den endlosen Schulstunden, während die anderen zu lernen vorgeben, mit einen Steinsplitter nach und nach eine Kerbe in das Holz der Tischplatte ritzt. Eine Kerbe, mehr nicht. Ein Wort zu ritzen, das überstiege seine Fähigkeiten, denn er kann nicht schreiben und wird niemals schreiben können. Nicht einmal seinen Namen!

„Du ißt nichts?" fragt er.

Ich halte ihm meinen Teller hin. Er lehnt glattweg ab. Trotzdem weiß ich, wie sehr ihm das Wasser im Mund zusammenläuft. Er sagt: „Iß doch! Iß! Sonst fällst du um vor Schwäche."

Wohl wahr! Ich werde doch wegen eines starrköpfigen alten Malabar nicht vor Hunger krepieren! Ich esse. Aber ich esse erst, nachdem ich ein Stück Heringsrougail auf Arys Teller habe fallen lassen. Er fängt es fast noch im Fluge auf. Und dann das Lächeln, mit dem er mich anstrahlt! Ein richtiges, gutes Lächeln ohne Essen darin und fast ohne Soße darauf!

SAMSTAG, 8. SEPTEMBER

Es gibt keinen gesonderten Raum für die Kantine. Wir essen im Klassenraum der Direktorin der Jungenschule. Unserer Schule, klar, aber da sich während der Mahlzeiten die Grillen aus der Mädchenschule zu uns Heuschrecken gesellen, muß ich das schon präzisieren.

Unsere Lehrerin behauptet, früher sei das hier keine Schule gewesen, sondern ein großes Haus wohlhabender Bauern, mit Hühnern, Truthähnen, Eseln, Pferden. Pferde mit Sattel und Zaumzeug und allem, was dazu gehört. In jener Zeit, immer noch laut der Lehrerin, war der Raum, der uns als Klassenraum und Speisesaal dient, nur ein großer Lagerraum für Lebensmittelvorräte. Doch wenn er keinem anderen Zweck diente, als Maisballen vor dem Regen zu schützen, weshalb dann die ein Meter dicken Mauern? Warum dann die Segelschiffmasten von Pfosten? Weshalb sind dann die Pfeiler so dick, daß ich sie mit meinen Armen nicht umfassen könnte? Warum vor allem diese Höhe? Um die Decke zu berühren, bräuchte es, übereinandergestellt, drei wie mich. Und ich bin nicht gerade kümmerlich für mein Alter. Im Gegenteil!

In diesem großen Vorratslager gibt es eine einzige Tür und ein einziges Fenster. Da wundere sich jemand über die Dunkelheit in dem riesigen Saal! Immerhin sind am ersten Schultag zwei Maurer gekommen und haben vier Linien auf die Vorderwand gezeichnet. Sicher um ein zusätzliches Fenster durchzubrechen. Doch es ist natürlich leichter, mit blauem Puder Striche zu markieren, als harte, mit Mörtel gefügte Vulkansteine durchzustemmen. Die Maurer haben wir nur einen kurzen Augenblick gesehen, und das Tageslicht wartet noch immer hinter dem Felsgestein und Zement.

Von meinem Platz aus kann ich durch die Türöffnung die Wohnung der Direktorin sehen, die sich bis zur Klasse der Kleinen hinzieht. Wie man sagt, ist sie sehr krank, die Direktorin, sie wird immer gebrechlicher und, wenn nicht ein Wunder geschieht, nie mehr Unterricht geben. Die Fensterläden ihres Schlafzimmers sind verschlossen, von innen vermutlich verriegelt.

Durch unser einziges Fenster sieht man die langen mageren Äste eines vertrocknenden Jackfruchtbaumes. Der Jackfruchtbaum stirbt keines natürlichen Todes. Wenn man sich darunter stellt, erkennt man deutlich, daß am Stamm die Rinde rundherum eine gute Handbreit abgeschält ist.

„Das war der alte Flavognien“, sagt Raymond.

„Der alte Flavognien?“

„Der Besitzer der Zuckerrohrfelder, die du da siehst. Er will den Jackfruchtbaum töten, weil er die Grenze darstellt. Damit seine Felder dann unseren Schulhof auffressen können. Du siehst ja, es gibt keine Mauer, die den Schulhof abgrenzt."

Dieses süßschmeckende Zuckerrohr, das sanft seine rosafarbene Pracht hinter dem sterbenden Holzgerippe schwanken läßt, sollte es hinter seinem unschuldigen Aussehen tatsächlich nichts anderes verbergen als die Gier, den Angriff auf das Schulgelände zu führen?

Unsere Kantine, das sind erst einmal dreißig Schultische. Und was für Tische! Sie wackeln wie der Schwanz eines zufriedenen Hundes. Zwar ist das Holz weder verrottet noch von den Termiten zerfressen, doch die Verzapfungen sind völlig ausgeleiert. Denn diese Tische sind durch zahllose, immer erbärmlichere Schulen geschleppt, immer wieder abgeladen, geschoben, gestoßen und wieder aufgeladen worden, bis sie hier strandeten. Die Tischplatten sind völlig von eingeritzten Namen durchfurcht, die meist nicht mit dem Taschenmesser eingeschnitzt sind, sondern mit Steinsplittern oder Geschirrscherben, mit denen wir während der Pausen spielen. Die armen Tischflächen bestehen nur noch aus Höhen und Tiefen, Wölbungen und Löchern. Wenn der Unterricht wieder beginnt, kleben auf den Wölbungen Reste des Curry, und in den Löchern sitzen wie unglückliche kleine Enten, die ihre Schar verloren haben, harte und völlig vertrocknete Reiskörner.

An eben diesen Tischen essen die Mädchen. Immer zu zweit. Doch die Tische sind dermaßen wackelig und die Tischflächen derart schief und mit fetter Soße beschmiert, daß die Teller sich hartnäckig weigern, auf ihrem Platz stehenzubleiben. Deshalb muß man sie bewachen wie kochende Milch. Ein einziges Augenzwinkern, und das Mädchen findet den ganzen Safranreis auf ihrem Kleid wieder. Andere werden sich darüber totlachen oder einen Schwall unanständiger Worte loslassen – das Mundwerk der Mädchen ist oft viel schmutziger, als man glauben möchte –, die erste aber, deren Mutter das ewige Einlaugen, Bürsten und Wringen leid ist und beim kleinsten Flekken einen Tobsuchtsanfall bekommt, wird sich die Augen aus dem Kopf weinen und alles verfluchen: die Kantine, die Mutter der Kantine, die Großmutter, bis zu den ältesten Vorfahren besagter Kantine. Dann wird sie das Gemisch aus Reis und Curry von ihrem Kleid auf den Teller zurückbefördern, sie wird, um die Mahlzeit wieder zu vervollständigen, den Rest mit der Hand vom Tisch kratzen und sich davorsetzen und alles aufessen.

Wir Jungen essen an drei Tischen, die gegen die Wand gerückt werden, wenn im Speisesaal Unterricht ist.

Heute eine kleine Änderung an unserem Tisch. Ary sitzt mir noch immer gegenüber, Raymond, der die Geschichte von Flavognien erzählt – wirklich die Wahrheit oder noch eine Lüge so dick wie Rosabacke? – und mich mit Pampelmusen bezahlen will, damit ich ihn beschütze, Raymond also hat sich links neben Ary gesetzt, um einer halben Portion Gelegenheit zu geben, sich neben mich zu setzen.

„Der heißt Mano", sagt Raymond mit einem Grinsen zu mir. Als der andere für einen Moment weggeht, um die Gabel zu holen, die er an seinem alten Platz vergessen hat, fügt Raymond, der falsche Fünfziger, hinzu: „Mano Ohne-Eier. Weil seine Eier sich geweigert haben, unten aus seinem Bauch herauszukommen. Also, er ist zwar ein Junge, aber er hat keine Eier." Hinter vorgehaltener Hand allgemeines Gegacker und Gekicher, auch von Raymond, ich beschreibe es lieber nicht. Und dann das brüllende Gelächter der anderen Jungen, die Mano verlassen hat, sicherlich, weil sie sich ständig über ihn lustig machten.

Vom dritten Tisch her, ohne seine Fresserei zu unterbrechen, schaut Rosabacke mich schräg an. Es scheint – Raymond betätigt sich als Straßenradio, in diesem Land des gegrillten Maniok, wo man weder Radio noch Straßen kennt! –, es scheint, daß Rosabacke überall herumtönt, daß wir im Streit miteinander liegen, daß er nie wieder einen Krümel Salz mit mir teilen will und daß ich bloß nicht auf die Idee kommen soll, ihn je wieder anzusprechen. Ich habe nicht mit ihm gesprochen! Weshalb hätte ich mich dazu herablassen sollen? Mein Löffel hat mit ihm gesprochen, nicht ich! Im übrigen sollte er sich in acht nehmen. Wenn er mir allzusehr auf die Nerven fällt, hätte mein Löffel immer noch ein oder zwei nicht unbedingt sanfte Worte mit ihm zu reden!

Rosabacke sagt auch, sein Vater werde sich eines Abends bei Schulschluß auf die Lauer legen, mich bei der Gurgel packen und mir mit seinem Uniformgürtel Hintern und Beine wund prügeln. Soll sein Alter doch kommen! Nur weil er vielleicht den Krieg 14/18 mitgemacht hat, habe ich noch lange keine Angst vor ihm. Ich erwarte ihn stehenden Fußes. Soll seine Alte doch auch kommen! Und seine Tanten und Großmütter! Ich habe keine Angst vor den Geschützen, die er auffährt!

„Sachte, Baya! Reg dich nicht so auf", sage ich mir. „Reg dich nicht auf!"

Die Flötentöne von Blechgabeln und Blechtellern, schwerfälligen Zungen und löchrigen Zähnen – diese Musik des Speisesaals beruhigt mich, bringt mich zumindest auf andere Gedanken. Und dann sorgt Raymond für gute Stimmung: „He, Fettgesicht, zeig uns mal deinen Fuß!"

„Warte, ich muß erst meine Wurst aufessen", antwortet Ary mit vollem Mund.

Alle wissen, daß Ary außer seinem Kürbiskopf auch einen komischen Fuß hat. Er ist ‚noundi', behindert, was soll's. Jeder kennt seinen Fuß, weil Ary wie wir anderen nie etwas anderes trägt als Sandalen oder Gummistiefel, im Staub oder im Matsch, je nach Wetter. Wir haben Arys Fuß wieder und wieder gesehen, aber noch nie wir alle zusammen, noch nie als Spektakel. Also beugen wir uns, so schnell wir können, unter den Tisch. Doch da hat Kürbiskopf schon blitzartig seine Behinderung aus den Niederungen emporgehoben. Mit beiden Händen hält er sie über unser Essen, über vertrocknete Reiskörner und verschmierte Soße. Kein Platz, sie abzulegen, also läßt er sie auf seinen Teller fallen.

Ein Fuß auf einem Teller!!! Und stellt euch vor, das ist nun wirklich kein richtiger Fuß, das ist eine Türangel mit drei eingeschrumpften Nägeln an einer der Seiten. Ein plattgedrückter, nicht einmal gerader Glockenschwengel, nach unten und oben verdreht, die Fußsohle guckt zur Hälfte in den Himmel. Das ist gar kein richtiger Fuß, doch Ary benutzt ihn als solchen. Und da, wo dieser verdrehte Schlegel den Boden berührt, ist er aufgesprungen, rissig, rauh und schrundig wie unsere Füße auch.

Eine Mißgeburt von Fuß in einem Teller! Was haben wir uns ausgeschüttet vor Lachen! Zum

Glück war der Teller schon abgeleckt. Hätte sich das Essen noch darauf befunden, wir wären vor Lachen glatt geplatzt! Ich frage mich tatsächlich, ob Ary nicht selbst am allermeisten gelacht hat.

„Achtung! Die fette Yvonne!“

Yvonne, das ist die Kantinenfrau. Eine tierisch dicke Weiße, wie es sie nur hier im Hochland gibt. Ihr Arsch ist breit wie das Hintergestell eines Gendarmen, ihre Fresse eine Schweinefresse, und ihre Achselhöhlen stinken nach immer wieder aufgewärmtem Schweiß.

Vor zwei Tagen vertraute mir Raymond mit großem Respekt in der Stimme an, Yvonne sei die – wie soll ich sagen? – Geliebte des Bürgermeisters. Der Respekt schlug in eine Mischung von Bewunderung und Furcht um, als er mir erklärte, daß sie während der Wahlen für ihren Liebhaber Faustschläge austeilt.

„Sie ist stark wie ein Stier“, sagte er zu mir. „Der Bursche, der ihr zwischen die Finger gerät, vergißt sein Vaterunser ... Das Vaterunser ist unser Gebet, du blöder Malabar! Und dann der Bürgermeister, ein Wahnsinnstyp, der Bürgermeister.“

„Ein Wahnsinnsarsch,“ hatte Mano widersprochen. Während aber Raymond seine Sprüche heraustrompetet hatte, blieb Manos Einwurf fast zwischen seinen Zähnen hängen. Als hätte er ihn nur zu sich selbst gesagt. Wie, um Raymonds Worte nicht unwidersprochen zu lassen, aber auch, um seine Gedanken, sein Innerstes, nicht zu zeigen. Außer mir hatte das keiner gehört, und zwischen den beiden war kein Kampf ausgebrochen.

Yvonne kümmert sich in der Kantine um alles. Sie gibt das Essen aus und hat auch die Aufsicht, was im Prinzip die Aufgabe der Schuldirektorin ist. Aber da die sich nicht mehr auf den Beinen halten kann ... Yvonne hat die Aufsicht – das ist eigentlich übertrieben, denn, um keine Zeit zu verlieren, um ihr Gebiß nicht unnütz malmen und ihren Wanst nicht müßig schwabbeln zu lassen, häuft sie einen kleinen Berg weißen Reis auf einen großen Teller, dem sie einen zweiten mit Bohnen zugesellt. Sie begießt das Ganze mit einigen überschwappenden Löffeln Curry – und vorwärts! Rosabacke und Ary sind bereits im Vorfeld geschlagen. Solange das Essen nicht vollständig Richtung Pansen gerutscht ist, solange ihr Teller nicht so sauber wie das Innere meiner Hand ist, solange sieht sie uns nicht, hört sie uns nicht, und wir können allen Blödsinn machen, den wir wollen.

Heute jedoch, als Ary mit seinem Theater anfängt, ist Yvonnes Bauch schon bis zum Rand gefüllt, und trotz der zusätzlichen Ladung, die diesem Weibstück so auferlegt ist, fährt sie hoch wie ein Wespe, deren Nest angegriffen wird. Kaum hat Ary Zeit, seinen behinderten Fuß wieder einzusammeln.

„Du blöder Affe, ich hau dir deine dicke Wassermelone in Stücke!"

Mit der linken Hand packt sie Ary an den Haaren, mit der rechten schlägt sie unablässig auf seinen armen großen Kopf ein. Ary heult und brüllt, versucht die Schläge abzuwehren, versucht sich loszuwinden und sträubt sich, wie er nur kann, schließlich aber ergibt er sich hilflos den unaufhörlich niederprasselnden Schlägen. Das ist hundsgemein!! Yvonne, merkst du nicht, daß du auf dem besten Wege bist, ihn k.o. zu schlagen?

„Wenn also alle essen, dann mußt du unbedingt dein ekelhaftes Ding da rausholen! Weißt Du nicht, daß das widerlich ist! Kapierst du's nicht, oder machst du's absichtlich? Damit wir alle kotzen? Du machst es absichtlich, was? Du bist wirklich der letzte Dreck! Eure ganze Familie ist der letzte Dreck, aber ich werde ihn schon aus euch heraushauen, euren Dreck!"

Sie schlägt und schlägt und hört nicht auf zu schlagen. Endlich läßt sie Ary los. Ganz benommen von den Schlägen steht er einen Augenblick schwankend da und fällt dann halb ohnmächtig auf die Bank.

„Und was dich angeht, Hüfttuch-Malabar, stifte ihn nur weiter an, und du kriegst es mit mir zu tun!" Ich habe viel zu viel Schiß, um darauf irgend etwas zu antworten.

MONTAG, 10. SEPTEMBER

Ary ist da, als ob Samstag nichts geschehen sei. Wäre ich an seiner Stelle, ich hätte alles getan, daß Yvonne uns mit ihrem Fett, ihrer Unverschämtheit und Bösartigkeit nicht weiter plagen kann.

Auf dem Speiseplan: Rindfleisch. Schon wieder! Ich hätte damit rechnen müssen, daß das Fressen sich Woche für Woche wiederholt, das ganze Jahr lang und vermutlich auch Jahr für Jahr. Montags Rindfleisch, dienstags Sardinen, mittwochs Trockenfisch ... Ich begreife endlich, weshalb zwei oder drei Witzbolde, wenn die Lehrerin um fünf nach acht mit der Kreide an der Tafel steht und fragt: „Welchen Tag haben wir heute, Kinder?“, immer spöttisch murmeln: „Rindfleisch, zehnter September 1958.“

Rindfleisch! Wenn ich das gewußt hätte, hätte ich mir irgend etwas mitgebracht, um mir den Magen zu füllen, oder wenigstens, um meinen Zähnen Beschäftigung zu geben. Wirklich wahr, nächsten Montag werde ich Vorsichtsmaßnahmen ergreifen. Sagen wir, daß es heute für Ary ein zusätzliches Essen gibt.

Kaum ist mein voller Teller gegen seinen leeren

ausgetauscht, als Yvonne um uns herumschleicht. Ary hat nicht mehr den Mut, auch nur einen Bissen herunterzuschlucken. Yvonne stolziert auf und ab, kommt wie unabsichtlich in unsere Richtung. Eine Ewigkeit geht das so, bis sie endlich verschwindet. Mano sagt zu mir: „Sie ist deinetwegen gekommen."

Ich weiß sehr gut, daß sie uns belauert, weil ich hier sitze, genauer gesagt, um mich zu erwischen. Aber ich passe auf, auch wenn Yvonne jetzt am anderen Ende des Saales ist und die Reste vom Boden des großen Reistopfes vertilgt. Ich scherze: „Was soll ich denn mit so einem Weibstück?"

„Sie will dich schnappen, das ist dir doch wohl klar! Auf jeden Fall hat sie eins merkwürdig gefunden."

„Was denn?"

„Daß du das Rindercurry gegessen hast, wie sie ja glaubt."

SARDINENSOSSE, 11. SEPTEMBER

Gegen Ende der Mahlzeit betritt ein Mann den Speisesaal. Er trägt ein Hemd, blau wie eine Chauffeursuniform, Leinenhosen und Sandalen an den Füßen. Das ist, scheint es, der Mann der Direktorin. Wie können die anderen seine Ankunft nur wie ein Freudenfest feiern! Unsere Schuldirektorin ist schon seltsam, sie hat einen Bauern aus dem Hochland zum Mann genommen. Um das Maß vollzumachen, trägt der Bauer in seinen Armen, als wäre es ein Baby, einen großen Jutesack. Einen völlig durchnäßten Sack. Er setzt ihn auf den Boden und öffnet ihn, und was ist darin ... ein Eisblock! Natürlich halb geschmolzen, denn woher sollte er kommen, wenn nicht aus der Stadt?

Der Bauer nimmt einen Hammer, kniet nieder und beginnt, sein Eis in kleine Stücke zu schlagen. Wenn ihr hättet sehen können, wie die Horde ihn sabbernd einkreist! Genau wie ihre Väter um das Fleisch, wenn freitags abends im Laden von Monsieur Mong-Hune ein Schwein geschlachtet worden ist. Ernst wie ihr Papst verteilt der Bauer seine Eisstückchen – ein Stück für diesen, ein Stück für jenen.

„Sind alle zufrieden?“ fragt er.

„Meins war ganz klitzeklein."

„Nimm noch eins. Willst du noch eins? Nur zu!"

Also wirklich, was seid ihr für ein Haufen dummer Hühner! Ihr geistig Zurückgebliebenen! Schon ein paar Stücke gefrorenes Wasser können euch in einen solchen Zustand versetzen? Wart ihr denn noch nie unten in der Stadt? Ein einziges Mal wenigstens? Wißt ihr überhaupt, was ein Kino ist? An dem Tag, wo es euch passieren wird, daß ihr einen Film seht, an dem Tag werdet ihr vor Freude platzen. Und davon, was passiert, wenn auf der Leinwand der Cowboy das Mädchen auf den Mund küßt, davon wollen wir erst gar nicht reden!

Oh je, oh je, oh je! Papa! Was ist dir bloß durch den Kopf geschossen, als du mich ins dieses Kaff, in diese Gegend jenseits von Gut und Böse verfrachtet hast!

TROCKENFISCHROUGAIL, 12. SEPTEMBER

Es ist ziemlich dreist, das eine Schulkantine zu nennen. Es gibt keine Gläser, nicht einmal Becher! Wenn wir mit dem Essen, bei dem der Nachtisch fehlt, fertig sind, versammeln wir uns alle im Schulhof um den Wasserschlauch, aus dem, weil es keinen Hahn gibt, ununterbrochen Wasser läuft. Zuerst läuft das Wasser in eine große genietete Eisenwanne, dann, zur großen Freude einer Reihe Kräuter und eines Kressebeetes, auf die Erde. Dort also küssen wir einer nach dem anderen – wie der Spruch sagt – das Wasserfräulein. Anschließend wischen wir uns mit dem Hemdsärmel über den Mund. Und das war's dann.

GEBRATENE WÜRSTCHEN, 15. SEPTEMBER

Ary fleht mich fast an, mit ihm den Platz zu wechseln, damit er mit dem Rücken zum Tisch der Mädchen sitzen kann. Ich habe keinerlei Grund abzulehnen, um so weniger, als ich sie so nun auch sehen kann. Einige haben sich schon ganz schön herausgemacht.

„Seine Schwester ist wieder da“, sagt Raymond zu mir. Ich wußte gar nicht, daß Ary eine Schwester hat. Wie hätte ich es auch wissen können? Niemand hat je ein Wort darüber gesagt, und heute ist es das erste Mal seit Beginn des Schuljahres, daß man sie in der Schule sieht. Raymond weiß alles von Arys Familie. Jedenfalls genug, um sie schlechtzumachen: „Er hat vier Schwestern und einen Bruder. Der liebe Gott hat sie alle bestraft, weil nämlich der Vater mit den Teufeln im Bunde steht. Der Bruder hat auch so einen komischen Fuß, und die Schwestern haben alle rote Haare. Die hat der Vulkan versengt. Guck dir mal bei der die Haare an, wie sie auf ihrem Kopf lodern. Die sind noch röter als das Feuer in der Hölle!“

Selbstverständlich schaue ich nach dem Mädchen. Ich bin nicht der einzige. Auch die anderen Jungen starren sie an, aber nur, um ihr Schimpfworte an den Kopf zu werfen, lauthals und noch dazu in Arys Gegenwart, den das alles glücklicherweise gleichgültig läßt.

„Die hat wirklich Haare wie Feuer!"

„Was meint ihr, die setzen der doch nachts ihr Liebeslager in Brand!"

„Und die Sommersprossen im Gesicht, habt ihr die gesehen!"

„Das ist doch kein Gesicht, das ist 'ne gesprenkelte alte Banane!"

„Die hat sich bestimmt unter 'nem Moskitonetz in die Sonne geschmissen!"

„Quatsch! Der haben die Moskitos auf die Fresse geschissen."

Und alle tun so, als täte sie ihnen leid:

„Oh je, oh je! Was ist die häßlich!"

Obwohl ich das um nichts in der Welt zugeben würde – ich finde sie gar nicht so häßlich. Eigentlich im Gegenteil. Ich hatte – tut mir leid, Ary – einen dicken Kürbiskopf mit zerzausten Haaren erwartet, aber sie hat einen ganz normalen Kopf, ein normales Gesicht und ordentlich gekämmte Haare. Lebhafte Augen, gerade Zähne, nicht einer dabei, der zurückweicht, wenn die anderen vorrükken. Und dann ein so hübsches Lächeln und dann so zarte Arme, so anmutige Bewegungen, daß man meinen möchte ... man meinen möchte ... sie wäre eine Malabar.

Rosabacke ergreift die Gelegenheit, Ary zu provozieren. Er steht vom Tisch auf, der Witzbold, und kommt näher: „He, Fettgesicht! Vergiß nicht, deine Schwester ist für mich! Ich will der erste sein."

„Ist in Ordnung", antwortet Ary, den allein schon der Anblick des anderen auf die Palme bringt, „du brauchst nur zu uns nach Hause zu kommen. Du kannst die mit den vier Beinen, zwölf Eutern und dem Ringelschwanz haben."

„Eins zu null für dich", sagt Raymond, der sich freut, wenn Rosabacke eins übergebraten bekommt.

Doch der gibt sich so schnell nicht geschlagen. „Der Ringelschwanz ist mir scheißegal und der Rest auch", sagt er, „wenn sie nur keinen Klumpfuß hat!"

„Und deine Mutter hockt in der Scheiße!" spuckt Ary aus. Rosabacke ist mehr als zufrieden, wenn Ary ihn beleidigt. Er kommt näher, die rechte Hand erhoben, bereit zuzuschlagen. Ich schaue ihm direkt in die Augen. Diese Tonne Schweinespeck ist doch nicht so dumm, wie sie aussieht. Er versteht sofort, daß meine Fäuste darauf brennen, ein paar harte Wörtchen mit seiner fetten weichen Fresse zu sprechen. Also tritt er mit eingezogenem Schwanz den Rückzug an und setzt sich wieder.

Und ich dachte, ich hätte ihm vergeben! Jetzt merke ich, daß ich größte Lust hätte, diesem fetten Scheißkerl mit kräftigen Faustschlägen seine zwei rosa Würstchen, die ihm als Lippen dienen, zu zermanschen.

Mano sagt, Arys Schwester käme wieder zur Schule, weil ihre Mutter vor zehn Tagen aus dem Krankenhaus gekommen ist und jetzt wieder selbst das Essen kochen, Wäsche waschen und sich um die Kleinen kümmern kann. Seine Schwester kommt wieder, und Ary wechselt den Platz, um ihr den Rücken zuzukehren!

„Magst du deine Schwester nicht?" frage ich ihn.

Ary schottet sich ab: „Wieso sollte ich die nicht mögen?"

„Oder hast du Angst vor ihr?"

„Wieso sollte ich Angst vor der haben?"

„Ich weiß nicht. Weil sie deiner Mutter erzählen könnte, daß du dich wie ein Idiot benimmst, daß du deinen Fuß auf den Teller tust, zum Beispiel ..."

Ary kriecht immer mehr in sich zusammen und brummelt schließlich vor sich hin: „Die erzählt der Mama nichts, die nicht."

Warum also, Ary, kehrst du ihr den Rücken zu? Schämst du dich etwa einer so schönen Schwester? Oder schämst du dich vor ihr, für dich selbst, für dein unmögliches Benehmen?

MONTAG, 17. SEPTEMBER

Ich weiß nicht weshalb, auch heute wieder erinnerte ich mich erst an der Tür zur Kantine, als ich Yvonne die Teller füllen sah, – notgedrungen! – daran, daß heute Rindfleischtag ist. Immerhin, so schlimm ist es nicht. Angesichts des Schulhofs ohne Mauer, ohne Zaun werde ich vor der Zwei-Uhr-Klingel schon noch einen Weg finden, meinen Hunger im zuckersüßen Saft aus zwei oder drei Zuckerrohrstangen zu ertränken.

Wäre mein Essen, wenn wir an der Reihe sind, nicht schon aus dem Topf befördert und auf meinen Teller gelandet, dann hätte ich eine ordentliche Schaufel Reis und ein paar ansehnliche Löffel Erbsen genommen, Raymond hätte mir eine Gabelspitze Pimentgewürz gegeben – er hat davon eine ganze Dose, die er zwischen den Beinen festhält, wenn er ißt –, und ich hätte mir den Bauch so vollgeschlagen, daß ich bis zum Abend keinen Hunger mehr verspürt hätte. Doch hier bedient man sich nicht selbst. Hier bestimmt Yvonne, und um nichts in der Welt ließe sie sich das Vergnügen entgehen, mich mit Rindfleisch zu versorgen, und ich, um nichts in der Welt würde ich sie jemals darum bitten, mir keines zu geben.

Um das Essen auszuteilen, setzt sich Yvonne an der Kantinentür auf einen Schemel, um den herum sie, da gibt sie sich alle Mühe, die drei großen Töpfe mit dem Essen gestellt hat. Gleich auf den Boden, versteht sich. Immer drei große Töpfe. Und natürlich ist es immer Reis oder, besser gesagt, etwas Reisähnliches, denn es ist Bruchreis, zermahlen und zusammengestampft. Weil aber Madame Barbin, die Köchin, sich zu Tode schindet und ihn wieder und wieder wäscht, ist er fast in Ordnung, dieser Reis. Bloß, daß lauter Schalen und kleine Steinchen darin sind. All der gute Wille der Alten kann gegen den Reis, der für den Mißstand, in dem er sich befindet, selbst verantwortlich ist, nichts ausrichten. Im zweiten Topf sind die Hülsenfrüchte: montags Erbsen, dienstags Linsen, mittwochs und – verstehe einer weshalb! – an allen anderen Tagen rote Bohnen. Aber, egal was es nun sei, Madame Barbin, die uns gelegentlich einen Besuch abstattet, indem sie zum Fenster hereinschaut, serviert uns alles in einer anständigen Soße, ‚damit der Reis schön in den Magen rutscht', wie sie sagt. Im dritten Topf, der etwas kleiner ist und einen halb abgebrochenen Henkel hat, ist das Fleisch, als Curry oder als Rougail zubereitet.

Yvonne teilt mit dem Schöpflöffel aus. Zuerst für jeden, für den kleinsten Schüler wie für den größten, das heißt für mich, zwei Löffel, die von

Reis überquellen. Dann einen randvollen Löffel Erbsen, Bohnen oder was immer es gibt. Und dann einen halben Schöpflöffel Curry, das Yvonne nicht, wie es sich gehört, neben den Reis plaziert, sondern über den gesamten Teller verteilt. Derselbe Schöpflöffel wird für alle drei Töpfe benutzt, deren Inhalt sich auf diese Weise zu einem einzigen Haufen Scheiße vereinigt.

Bevor wir kommen, beginnen zwei Mädchen, die aus den Reihen der ältesten erwählt wurden und den Voraustrupp ihrer Schule bilden, die vollen Teller auf die Tische zu stellen. Sie stellen zuerst die Teller für uns Jungen auf unsere Tische, dann erst, wegen des Gefälles der Tische, die Teller für die Mädchen. Wenn die Essenszeit kommt, ist das Essen schon ganz kalt, und die Soße hat den Reis völlig aufgeweicht. Kalt, das ist nicht so schlimm und aufgeweicht eigentlich auch nicht. Aber die Soße! Die Rindfleischsoße!

Nachdem sie Berge von Reis und Fleisch auf ihren Teller gehäuft hat, setzt sich Yvonne normalerweise gleich hin und hält ihre Freßsitzung ab. Heute nicht, heute rollt sie ihr bösartiges Fett zu uns herüber und lehnt sich an unseren Tisch. Ich weiß genau, weshalb sie herkommt, mir schwant, daß ich wenigstens so tun müßte, als äße ich, aber das geht über meine Kräfte. Ein einziger Löffel von diesem Teller Rindfleisch, und ich kotze mir die Eingeweide heraus, das ist mehr als sicher.

Yvonne verschlingt einen Bissen, wartet einen Augenblick, wischt sich den Mund am Ärmel ihres Kleids ab und sagt: „Ich habe doch gewußt, daß du nichts essen würdest."

„Mademoiselle, meine Religion ..."

„Meine Religion! Meine Religion! Damit trampelst du allen auf den Nerven herum! Eines Tages soll ich dir wohl noch was ganz Besonderes kochen, wie?!"

Yvonne baut sich vor mir auf. Sie wartet noch einige Minuten darauf, daß ich ihr antworte, wenn möglich frech. Ganz so blöd ist er aber nicht, der Soubaya, daß er den Unannehmlichkeiten auch noch nachrennt. Schon gar nicht wegen Kartoffelschalen!

Schließlich geht sie fort. Vor Wut ist sie steif wie ein Ochsenschwanz. So ist sie fast immer. Mano sagt, sie verabschiedet sich nur dann von ihrer Wut, wenn während der Wahlkampagnen der Bürgermeister aus der Stadt hochkommt und mit ihr eine Nummer schiebt – in ihrem Bett!

„Wenn du sehen könntest, wie sie dann grinst! Von einem Ohr zum anderen. Wie eine Scheibe Papaya. Aber weil ja bekanntlich nicht jeden Tag Wahlen sind, darum macht Yvonne in der übrigen Zeit ein Gesicht, das so lang ist wie eine parfümierte Rattenschnauze." Er fügt hinzu: „Scheiß auf Dicken Tabak!"

Die gemeinsten unter den Jungen nennen Yvonne ‚Dicken Tabak' und manchmal ‚Grünen Tabak', weil, so sagen sie, Yvonne keine Unterhosen trägt und man den Tabak zwischen ihren fetten Schenkeln sehen kann, wenn sie auf ihrem Schemel sitzt. ‚Tabak' verstehe ich. Und ‚dick', das ist ja völlig offensichtlich. Aber ‚grün'? Warum ‚grün'? Auf jeden Fall, ich habe noch nie weiter sehen können als bis zu ihren wie Pomeranzenschalen aussehenden Oberschenkeln und nicht unbedingt, weil ich besonders neugierig gewesen wäre. Doch die anderen sind einen Kopf kleiner, wahrscheinlich sind sie da in der besseren Position für diese Ecke. ‚Dicken Tabaks' Tabak habe ich, unglücklicherweise oder glücklicherweise, nie gesehen. Trotzdem werde ich sie ‚Dicken Tabak' nennen. Aber ich werde es ihr nicht auf die Nase binden.

„Sag ihr, daß du auf sie scheißt! Geht sie das was an, wenn du nichts ißt? Sag's ihr!"

„Bist du verrückt? Ich will doch meinen Knochen nichts Übles."

Leider hat jemand, der sich unter dem Tisch versteckt haben muß, ins Wespennest gestochen: „Dicker Tabak! Dicker Tabak! Grüner Tabak!"

Yvonne stürzt sich auf mich. Sie krallt sich in meine Haare: „Geh doch zurück nach Indien, du dreckiger Hüfttuch-Malabar! Ich werde das Rind schon in dich reinstopfen! Und die Hörner gleich hinterher!"

Sie drückt mir das Gesicht auf den Teller. Sie preßt mich in den Reis, in das Rindercurry. Ich habe den ganzen Mund davon voll, die Nase ist voll, ich sterbe ...

DIENSTAG, 18. SEPTEMBER

Baya! Baya! Dein Vater ist da! Dein Vater ist gekommen! Er spricht mit der Direktorin. Komm her, Baya! Kommt alle her!“

Zum ersten Mal schreit man in dieser Kantine nicht ‚Malabar‘ hinter mir her, dieses Wort, das die Weißen zum Schimpfwort gemacht haben, sondern spricht mich mit meinem Vornamen an, sogar mit meinem Kosenamen. Vielleicht hat der eine oder andere gehört, wie Vater mich so genannt hat, als er und ich am ersten Schultag nach den Ferien hierhergekommen waren, um mich in dieser verfluchten Schule anzumelden.

Außerdem stimmt es, Papa ist wirklich da.

„Das darf man nicht durchgehen lassen“, hatte er gestern abend geknurrt.

Ich hatte die Gelegenheit beim Schopfe gepackt: „Versuchst du, mit der Direktorin zu sprechen?“

„Wir werden sehen, wir werden sehen. Aber du, du gehst morgen zur Schule, als ob nichts vorgefallen wäre! Und du gehst in die Kantine! Und du ißt! Morgen gibt es kein Rindfleisch, sie können nicht jeden Tag Rindfleisch kochen. Rindfleisch rührst du mir nicht an, niemals, hörst du?

Und sie, sie soll dir sagen, was sie will, du gibst ihr keine Widerworte! Keine murrenden Unverschämtheiten, keine geflüsterten Beleidigungen und kein schlechtes Benehmen, auf diesem Gebiet bist du ja sonst zu allem fähig. Hast du mich verstanden?"

Doch jetzt bist du da, Papa! Ich bin zufrieden mit dir. Ich hatte Angst, daß du mich fallen läßt. Daß du mich angesichts dieses weiblichen Dämons von Dickem Tabak im Stich läßt. Blöde Sau Dicker Tabak! Blöde Sau von einer blöden Sau!

Ich habe zu allen Göttern des Himmels gebetet, daß du kommst, und hatte zugleich Angst, du sähst dich gezwungen, in alten Sachen, die du nur noch zu Hause trägst, hier zu landen. Nicht in zerrissenen Lumpen, die gibt es bei uns nicht, aber vielleicht in dem abgetragenen, an Manschetten und Kragen zerschlissenen Hemd. Denn gestern war dein guter Anzug über und über mit Schlamm bespritzt, der Regen hatte anläßlich der Beerdigung irgendeines deiner neuen Freunde mitten in der Trockenzeit Mittel und Wege gefunden, in Strömen zu fallen. Doch heute strahlt dein weißer Baumwollflanell wieder vor Sauberkeit. Wer ist da nachts aufgestanden, hat ihn eingeseift, mit der Maisbürste gerieben, ihn wieder und wieder ausgewaschen? Welche Sonne ist nachts aufgegangen, um ihn zu trocknen, oder vielmehr welches Bügeleisen ist zwanzigmal in der Glut erhitzt worden, um die Nässe aus dem Anzug zu vertreiben? Welche vor Müdigkeit steifen Finger haben den Kragen gestärkt und in Form gebracht? Ich weiß wohl, auf diese Fragen würdest du nur mit einem Gebrummel antworten. Stimmt's, Papa? Oder du würdest fragen, ob es nicht das wichtigste sei, daß dein Anzug jetzt um elf Uhr sauber und dort, wo es sein muß, glatt ist und daß dort, wo die Falten hingehören, Falten sind und daß an deinen Füßen dein einziges Paar Schuhe wie Longanenkerne glänzt.

Papa hält den Hut mit dem breiten Rand in der Hand. In der Hand, wo sonst, denn das ist gegenüber der Direktorin ein Gebot der Höflichkeit. Und Papa weiß, was Höflichkeit ist. Mama pries ihn mir immer als Vorbild.

Die Direktorin stützt ihren Körper auf einen Stock. Sie ist so mager, als hätte sie seit Monaten nichts gegessen. Papa, mit der ganzen Würde eines alten Malabar, erklärt ihr ruhig und gelassen die Angelegenheit. Die Hand der Direktorin auf dem Stock hört zu zittern auf, ihre Augen blitzen zornig, ihre Lippen werden schmal vor Empörung. Oh Yvonne! Jetzt bekommst du deinen Lohn, entsprechend deinem wahren Wert, Yvonne, entsprechend deinem Wert und deinen Verdiensten!

Durch das Loch, das die Maurer endlich in die Mauer gebrochen haben, können wir Yvonne nicht sehen. Doch sie ist da, sie auch. Immer häufiger wendet die Direktorin den Kopf in ihre Richtung. Immer stärker richtet sich der Zorn der Direktorin auf ihre scheußlichen und hinterhältigen Fettmassen. Ein eisiger Zorn – keine heftigen Gesten, nur dieser steinharte Blick.

Die Direktorin spricht. Trocken und knallhart pflückt sie Yvonne auseinander, ohne ihre Worte herauszuschreien oder die Stimme auch nur im geringsten zu heben. Yvonne! Yvonne! Ich würde lügen, gestünde ich dir nicht meine Befriedigung!

Jetzt macht die Direktorin den Versuch, zu ihrer Wohnung zurückzukehren. Sie ist fast nicht mehr in der Lage zu laufen. Papa ist ihr behilflich, er stützt ihren Arm.

Papa hält einer Frau den Arm! Das sehe ich zum allerersten Mal! Den Arm einer Frau! Sie ist krank, sicher, doch ich bin völlig verblüfft. Man wird meine Überraschung verstehen, denn als Mama noch lebte, habe ich nie erlebt, niemals, wie mein Vater ... ich sage nicht, sie an sich gezogen hat, das gibt es nur im Kino ... ich sage nicht, ihr den Arm gereicht hat, wie ein alter Schwerenöter seiner Dame, wenn er sie zur Abendmesse führt, das konnten nur die alten reichen Weißen von vor dem Streik, ... ich sage nicht, ihren Körper berührt hat ..., nein, niemals habe ich erlebt, daß er auch nur ihren Finger gestreift hätte, den Fingernagel ihres kleinen Fingers, und wäre es nur unabsichtlich gewesen!

Ein einziges Mal hat mein Vater meine Mutter vor meinen Augen berührt, als er sie küßte, bevor der Sarg geschlossen wurde. Damals sah ich, daß er still ebensosehr weinte wie ich.

„Dicker Tabak kommt zurück! Dicker Tabak kommt zurück!" Wir saßen selbstverständlich alle nicht mehr auf unseren Plätzen und hatten uns wie kleine Chinakohlstecklinge um die Fensteröffnung gedrängt und unsere Hälse wie Bambus gereckt. Wir hatten Augen und Ohren aufgesperrt, um alles, was sich ereignen könnte, mitzubekommen. Jetzt stieben wir auseinander wie Maiskörner, wenn sie den Hühnern vorgeworfen werden, oder besser, wie Hühner in Panik, wenn die Katze in den Hühnerstall schleicht. Unmöglich, schneller zu unseren Plätzen zurückzustürzen als wir, als ich vor allem.

Yvonne tritt ein. Sie gibt sich nicht wie üblich als Ochsenschwanz, sondern sie ist wie ein Eimer Seeigel, wie eine Rasierklinge. Unglaublich, was für eine Menge Beschimpfungen dieses Schweineschmalzfaß für mich findet und mir entgegenschleudert, ohne mich dabei anzublicken: „Ich habe keine Angst vor ihren Geisterbeschwörern, vor ihrer schwarzen Magie und vor ihren Teufeln!

Und der mit den ich weiß nicht wie vielen Armen, der soll bloß kommen! Ich bin hier! Ich scheiße auf deren Scheißreligion!" Und dann noch: „Diese Scheißdirektorin ist mir doch scheißegal! Ich habe ein Kreuz aus Beton! Mir geht nichts an die Nieren!"

Ein Satz, den Mano bis zum Ende der Mahlzeit nicht müde wird, verächtlich zu kommentieren.

Und walali und walala! Ein Schwall übler Schmähungen! Ein Haufen haßerfüllter Worte! Alles, sie hat alles ausgespuckt, alles ausgekotzt! Gift und Galle! Alles, was sich in ihr angesammelt hat. Und ich, der ich weiß, daß sie es nicht mehr wagen wird, mich anzurühren, ich überlasse sie ihrer Wertlosigkeit …

MITTWOCH, 19. SEPTEMBER

Arys Schwester schaut ständig in unsere Richtung. Um Ary aufzuziehen, sagt Raymond, ‚Vulkanhaare' überwache ihn, um ihn hinterher bei den Eltern zu verpetzen. Ary erwidert, daß seine Schwester niemals etwas über ihn sagen würde, daß seine Schwester ihn mag.

Also versucht Raymond, Ary auf einem anderen Feld zu ärgern: „Ein so großer Kerl wie du kann nicht mal allein zur Schule gehen! Seine Schwester muß immer mitkommen!"

„Ich kann wohl allein zur Schule gehen! Klar kann ich das! Außerdem, wenn Lina nicht da ist ..."

„Oh ja, aber wenn sie da ist, dann hängst du ihr am Rockzipfel. Gestern abend zum Beispiel, als wir in unseren Schlingen das Chamäleon gefangen haben, da wärst du gern dageblieben, stimmt's? Warum bist du nicht dageblieben? Warum denn nicht?"

„Weil Lina ..."

„Weil Lina! Weil Lina! Eben, sag ich doch!"

Ary wird rot wie eine reife Pimentschote, und seine Wangen dürften ebenso heiß brennen. Glücklicherweise käut Ary seinen Ärger nicht allzulange wieder.

„Habt ihr es hinterher ins Feuer gehalten?"

„Was denn?"

„Das Chamäleon."

„Na klar, was denkst du denn!"

„Und? Hat es sich aufgebläht?"

„Wie ein Fußball."

Ary macht Augen so groß wie eine fliegende Untertasse: „Und ist es geplatzt?"

„Wie eine Bombe!"

Ary sabbert vor Freude, vor Lust, vor Bedauern, allem zugleich. Spucke rinnt ihm aus dem Mundwinkel und tropft herunter. Die Tropfen fallen auf seinen Teller. Wenn Lina das sähe!

Das gibt's doch nicht, daß ich sie jetzt Lina nenne! Nein. Das gibt's doch nicht, daß ich mir wünsche, sie müßte sich nicht für Ary schämen, daß ich zufällig den Kopf heben und in ihre Richtung schauen würde, daß unsere Blicke sich träfen, daß sie energisch den Kopf abwenden und erröten würde, sehr rot werden würde, röter als ihre Haare, so rot, daß ihre Sommersprossen im Rot ihrer erröteten Wangen zergingen.

Soubaya, alter Junge! Du erzählst Märchen von Ptit Jean*, dem großen Teufel! Wie willst du wissen, ob sie rot geworden ist, du hast deinen Blick doch schneller gesenkt, als sie weggesehen hat!

* Held vieler kreolischer Erzählungen

Und überhaupt, vielleicht hat sie ja nicht die geringste Lust, einem Jungen in die Augen zu sehen, noch dazu einem schwarzen und einem Malabar obendrein!

FREITAG, 21. SEPTEMBER

Heute bin ich zum ersten Mal geblieben, bis die Mädchen gingen. Nicht nur, weil ich Lina länger ansehen wollte. Ich wollte ihren Körper ansehen, und zwar, wenn die Mädchen nach dem Essen, satt und eine nach der anderen, hinausgehen und nicht, wenn sie wie eine ausgehungerte Herde hereinstürmen und sich um das Essen drängen. Im allgemeinen sind die Jungen zuerst an der Reihe, als erste fertig und überlassen dann den Mädchen den Platz. Ich habe daher, so lange ich konnte, getrödelt und bin geblieben. Ich bin sitzengeblieben, um sie anzusehen, und voll auf meine Kosten gekommen.

Was für ein Lügner du bist, Soubaya! Ja, du hast sie vom Kopf bis zu den Füßen angeschaut. Ja, anhand der Wölbung ihres Kleides konntest du dir ihre Brüste vorstellen – sie ist die einzige, die schon Brüste hat, richtige Brüste, keine matschigen Pfirsiche mit einem zu weich gekochten Reiskorn obendrauf, sondern zwei herrliche Mangos, gesprossen wie Zuckerrohrknospen nach einem Platzregen! Doch armer, armer Baya! Unglücklicher Baya! Wie bist du auf deine Kosten gekommen, als sie, in einer Entfernung von weniger als einem Meter, neben dir stand, als sie kam, um mit ihrem Bruder zu sprechen, und dich nicht eines einzigen Blickes würdigte! Dafür kann es nur einen Grund geben: Du interessierst sie nicht! Aber weshalb hat sie sich im Weggehen noch einmal umgedreht? Es war nicht Ary, dem sie einen Blick zuwerfen wollte und zugeworfen hat, bevor sie sich abwandte.

*

Ich wußte gar nicht, daß die Fresserei nach meinem Abgang und wenn Yvonne, die in Madame Barbins Küche immer noch einen Kaffee schlürft, verschwunden ist, weitergeht. Rosabacke, Adele Schick-Schick, Mano Ohne-Eier – der hat sicherlich einem Bandwurm, wenn er unter diesen Umständen so schmächtig bleibt – und, nachdem Lisa weggegangen ist, auch Ary stopfen sich dann bis zum Platzen mit den Hinterlassenschaften der anderen voll, mit deren Essenresten also.

Sie prügeln sich fast, diese Aasgeier, um jedes durch einen außergewöhnlichen Zufall liegengebliebene Stück Fleisch und jeden Klumpen Reis. Von den Resten sind Reisklumpen allerdings auch appetitlicher als einzelne Reiskörner, die überdies meist mit Soße bekleckert und manchmal mit der Gabel zerdrückt sind.

Ary, Rosabacke, Adele, Mano und die übrigen stürzen sich auf die Reste und reißen sie einander aus den Händen, schlagen sich fast darum. Über die Tische gebeugt, um den Mund näher zum Teller zu bringen, baden sie förmlich in dem Abfall. Und wenn alles verschwunden ist, prahlen sie noch damit: „Drei Teller habe ich heute erwischt! Drei große Teller! Drei Reisberge so hoch wie der Piton des Neiges!“ jubelt Ary.

„Ich zwei. Aber dafür prima Reisklumpen! Kein zermanschter Reis!“ ruft Mano.

„Wer's glaubt!“ feixt Rosabacke. „Ich hab gesehen, wie du die Reste von Anfall-Gilbert verputzt hast!“

„Was ist schon dabei? Gilbert ist doch einer von uns!“

„Natürlich ist er einer von uns“, sagt Ary. „Trotzdem kriegst du bald auch …“

Und Ary, Linas Ary, mit seinem Klumpfuß und seinem dicken Kürbiskopf, tut so, als hätte er einen Anfall von Fallsucht, schlägt um sich, stößt sich an den Tischen und sabbert, scheinbar erschöpft, seine vorgetäuschte Krankheit auf den Steinboden. Und lacht dabei wie ein Stück Dreck. Was er ja auch ist!

SAMSTAG, 22. SEPTEMBER

Während der ganzen Mahlzeit hat sie den Blick auf ihr Essen gesenkt. Sie macht sich einen Dreck aus dir. Du aber, du machst dir einen Scheiß aus ihr. Ist dir doch egal, was die unter einem Moskitonetz gebräunte Mademoiselle fühlt und denkt! Wenn du keinen Hunger mehr hast und traurig bist, was sollte sie damit zu tun haben, denn sie ist dir doch gleichgültig!

Sieht man durch das alte Fenster, ist Schluß mit rosavioletten Zuckerrohrblüten. Schluß mit Zukkerrohr überhaupt. Es ist geschnitten worden. Nur noch die langen mageren Äste des krepierenden Jackfruchtbaumes.

Und Scheiße und Mist und Kuhfladenkuchen, der in der Sonne anbrennt!

MONTAG, 24. SEPTEMBER

Die ganze Zeit, während ich mich mit meinem Butterbrot abgebe, schleicht Yvonne um mich herum. Ich rühre mich nicht, ich hüte meine Zunge. Obwohl mir seit heute morgen entschieden etwas auf der Zunge liegt. Ich bin schlechter Laune, denn – und es ist mir völlig gleich, ob ihr es seltsam findet, was ich sage oder denke:

ICH LIEBE LINA NICHT.

DIENSTAG, 25. SEPTEMBER

Lina dreht sich ständig zu uns um. Wenn unsere Blicke sich treffen, schlägt sie die Augen nicht einmal mehr nieder, aber leider – und darüber besteht keinerlei Zweifel – bin nicht ich es, den ihre Augen suchen. Ary ist noch nicht da, während wir anderen schon fast aufgegessen haben. Lina wird jetzt verzehrt von Sorgen, die ich gerne zum Verschwinden brächte, auch wenn ich für sie nicht mehr existiere und nie existiert habe. Aber was kann ich da schon tun! Die Lernschwachen sind nicht in meiner Klasse, und ich weiß nicht im geringsten, was ihr Bruder in diesem Augenblick tut. Trotzdem, der Hals schnürt sich mir bei dem bloßen Gedanken zu, daß ich mit ihr sprechen könnte ...

Ary kommt nicht einfach zu spät, er kommt mit roten Augen und geschwollenen Lidern. Noch bevor er sich an sein Essen begibt und sogar noch – diese Angelegenheit muß ihn wirklich sehr gefangennehmen –, bevor er sich setzt, holt Ary aus seiner Tasche ein Blumenpüree. Dieses Balsaminenkompott, das er im Graben gepflückt – gar nicht so einfach mit dem Klumpfuß! –, diesen Mischmasch aus Lerchenblumen und Hibiskusblüten, den er in den Vorgärten gestohlen hat, diese Marmelade aus kleinen Rosen mit von Raupen zerfressenen Blättern – aber Blatt ist nicht Blume, stimmt's? –, kurz, diesen ganzen Brei wollte er seiner hübschen Lehrerin schenken. ‚Brei' sage ich, es ist wirklich ein einziger Brei, aber er riecht gut, so gut …

Die schöne Unteroffizierin hatte nicht die Geduld, Arys Erklärung anzuhören, sie ließ ihm keine Zeit, seinen Strauß aus der Tasche zu holen: „Er kommt zu spät, Komma, verschwitzt und verdreckt, Punkt. In die Ecke, Ausrufezeichen." Während des gesamten Vormittags und zehn Minuten über die Mittagsklingel hinaus vertraute Ary seinen Schmerz einer Ecke des Klassenzimmers an, brüllte still seine Wut heraus, weinte sich die Augen aus dem Kopf und schwor, daß ihm so etwas nicht noch einmal passieren würde.

Jetzt, angesichts dieser Blütentrümmer, muß Ary selbst lachen. Auch Lina, die aus Freude, ihren Bruder wiederzusehen, zu uns herübergekommen ist, lacht. Und ich, ich überlasse meinen Teil Lachen auch nicht den anderen. Wir lachen zu dritt. Alle drei? Nicht wirklich: eigentlich Lina und ich. Als mir das klar wird, taut mein Blut auf, mein Blut erhitzt sich, und ich lache noch mehr.

Doch plötzlich läßt Ary seine zerquetschten Blumen auf den Rand des Tisches fallen. Er wischt sie mit einer kräftigen Handbewegung vom Tisch, sie zerstreuen sich über den Boden. Ary läßt sich auf das Ende der Bank fallen. Er weint. Er weint nicht, er lacht, und dabei laufen ihm Tränen über das Gesicht. Dann versiegt das Lachen, doch die Tränen strömen weiter.

„Weine nicht, Ary, weine nicht!" fleht Lina.

„Ich bring ihr noch mehr Blumen, das mach ich, ich bring ihr noch mehr!"

„Laß die doch machen, was sie will. Wir pflükken nachher einen Strauß für Mama."

Ary schnauft: „Mit Hibiskus?"

„Wenn du willst, Rary!"

„Rary, oh Rary, du rotgesprenkelte Ratte!" mokiert sich Rosabacke, der, um ja nichts zu versäumen, es gewagt hat näherzukommen.

Ich werfe ihm einen so scharfen Blick zu, daß er es vorzieht, auf Distanz zu gehen. Sie hat nichts gehört. Zum Glück!

„Auch mit Balsaminen?"

„Ja, Rary."

„Auch Goldkörbchen?"

„Goldkörbchen sind keine Blumen, Rary."

Wenn noch jemand da ist, der es wagt zu grinsen, haue ich ihn aus dem Anzug.

MITTWOCH, 26. SEPTEMBER

Yvonne wendet ‚Monsieur' unverschämterweise den Rücken zu, als er in Sandalen und bäuerlichem Gewand eintritt und uns eine große Staude brasilianischer Bananen bringt.

„Nun, meine Kinder, vielleicht ist es das letzte Mal, daß ich euch etwas bringe." Ein allgemeines Gemurmel des Bedauerns erfüllt die Kantine und überdeckt Yvonnes Gegacker. Der Gedanke, daß wir Monsieur vielleicht nicht mehr sehen werden, macht mich traurig. Einmal, weil er so freundlich ist, zum zweiten, weil er der Mann jener Frau ist, die sich über ihre Krankheit erhoben und ihren so mageren und steifen Körper bezwungen hat, um mich zu verteidigen. Doch sie muß zur Behandlung ins Ausland, und er begleitet sie natürlich. Sie werden zurückkommen, sobald sie wieder gesund ist. Doch wer kann wissen, wann das ist?

Es gibt nichts Besseres als brasilianische Bananen. Zuerst schmeicheln sie der Zunge mit ihrem zuckrigsüßen Geschmack, dann entfalten sie das leicht saure Aroma grüner, im richtigen Augenblick gepflückter Zitronen. Es gibt zwei Bananen pro Person. Um nichts in der Welt gäbe ich meinen Anteil ab. Zum einen mag ich diese Bananen leidenschaftlich gern, zum anderen möchte ich nicht den Eindruck erwecken, ich würde zurückweisen, was Monsieur uns so guten Herzens anbietet.

Lina gibt ihre Bananen ihrem Bruder. Ich bin sicher, sie ißt diese Früchte wahnsinnig gern. Ich bin auch sicher, daß sie angesichts der Freude, die in Arys Augen funkelt, ihr Geschenk nicht als großes Opfer empfindet. Und wenn ich sie so lachen sehe, frage ich mich, ob es überhaupt ein Opfer ist.

II

MONTAG, 1. OKTOBER

Heute setzen wir uns auf Beschluß der neuen Direktorin – denn wir haben eine neue Direktorin – nicht zum Essen hin, nein, ‚wir gehen zu Tisch'. Vorher hat ein aus den obersten Mädchenklassen erwählter Voraustrupp die Tische gedeckt. Den Tellern – den leeren Tellern! – zur Seite liegen Messer und Gabel. Davor stehen kleine Becher, die schon verlangende Blicke auf die große Kanne Wasser richten. Zumindest bei den Jungen, weil die Mädchen wegen der immer noch fettigen Schräglage ihrer Pulte sich das Essen aus Schüsseln auffüllen, die auf einem zusätzlichen kleinen Tisch stehen. Zum Trinken haben sie jede ein Glas, das sie auf dem Tintenbord abstellen. Sie werden nicht mehr wie früher an der Mutter des Wassers im Hof nuckeln, sondern sich aus den Karaffen bedienen, die auf dem Fensterbrett stehen.

Raymond und Mano haben sie gesehen, die neue Direktorin. Raymond hat sie sogar beobachten können: „Vorhin habe ich sie mindestens zehn Minuten lang besichtigt. Ich habe gefragt, ob ich pinkeln gehen kann, und habe mich dann statt dessen hinter dem Mangobaum versteckt. Sie hat mit der Köchin geredet. Eine Viertelstunde lang habe ich sie nicht aus den Augen gelassen! Die ist wirklich eine Schönheit! Ein bildschöner Mund! Eine bildschöne Nase! Und was sie anhat! Ein Superkleid wie die Kleider aus dem Katalog! Guter Gott, ist die schön!"

„Und," ergänzt Mano, „sie ist auch ziemlich weiß."

„Und ob die weiß ist! Wie frische Milch!"

Was für zwei Idioten! Als ob weiß gleichbedeutend wäre mit schön! Dann müßte ja auch die fette Yvonne eine vollendete Schönheit sein, obwohl sie ja nun häßlich wie der Teufel ist. Linas Schönheit, zum Beispiel, liegt in der Eleganz ihrer Bewegungen, ihrer Beine, in der Form ihres Halses, in ihrem Lächeln, sie ist ... Auf jeden Fall hat es nichts damit zu tun, daß sie weiß ist!

Ich könnte Raymond und Mano sagen, daß sie noch nie die schwarzen Schönheiten gesehen haben, die es unten an der Küste gibt. Ich könnte wegen dieser Sache mit der Hautfarbe auch Streit anfangen und ihnen – warum eigentlich nicht? – ein paar ordentliche Manioks um die Schnauze hauen. Doch würde sich das wirklich lohnen?

Jetzt warten wir erst einmal auf das Essen. Ich sage ‚wir', aber es ist Montag, und es wird zwangsläufig Rindfleisch geben. Daher warte ich für meinen Teil nur darauf, daß ich endlich mein Butterbrot auspacken kann. Vor den anderen mit ihren leeren Tellern wage ich das nicht, doch mein Magen singt bereits ein trauriges Lied über den Heißhunger, und er ist da nicht der einzige. Aus drei Metern Entfernung hört man Arys Magen seufzen. Bemitleidenswert, der arme Ary. Die Eingeweide martern ihn, und ich fürchte, sein Mund kann die Schreie nicht viel länger zurückhalten. Auch Raymond hält nicht mehr lange stand, obwohl er eigentlich kein Vielfraß ist. Rosabacke und Mano können sich nicht mehr beherrschen: Sie laufen zur Tür, um, den Blick gen Himmel gerichtet, die Essensgötter anzuflehen. Adele rennt, den leeren Teller in der Hand, im Speisesaal herum wie ein unruhiges Meerschweinchen, das in seinem Stall vergessen wurde.

Plötzlich: „Das Essen! Das Essen kommt!" Die Wachposten frohlocken und stürzen zu ihren Plätzen.

Und wirklich wahr, es kommt! Yvonne trägt das Essen auf – als wäre es das Geschenk eines Königs. Drei Mädchen aus der Abschlußklasse folgen ihr. Das ungeduldige und hungrige Magenknurren weicht Seufzern der Erleichterung und wird zu freudigen Glucksern.

Die Mahlzeit kommt an. Rosabacke tropft schon der Speichel aus dem Mund. Von Ary sehe ich nur den Rücken, denn er hat sich erhoben, um das Essen zu begrüßen. Sein Essen! Doch im Vorbeigehen versetzt ihm Yvonne mit der Hüfte einen Stoß, daß er fünf Meter über den Boden rollt. Stolz wie der Träger der Glasperlen, die der Afrikaforscher Savorgnan de Brazza als Tauschware mit sich herumschleppte, stellt sie zwei Schüsseln auf den Tisch, der dem Eingang am nächsten steht – unseren.

Zuerst sehen wir nur das Brot. Brot, das außen goldbraun ist, innen – es ist nämlich schon ganz geschnitten – schneeweiß! Was für ein Brot! Das muß ja gut schmecken! Ganz zart, mit knuspriger Kruste! Schon das Brot ist ein Traumessen, wie es das sonst nur bei den Reichen in der Stadt und auch da nur sonntags mittags gibt. So ein Brot ist Kuchen, ein einziger Leckerbissen! Daneben kann einem mein Brot nur leid tun: Ganz grau ist es und garantiert wie üblich entweder zu weich oder zu hart. Ich kann noch von Glück sagen, wenn ich keinen langen Jutefaden oder etwas Schlimmeres darin finde.

Ein Augenzwinkern, und das gesamte Brot ist verschwunden. Mein Anteil auch. Ich erhebe Einspruch. Ary reicht mir freundlich – er muß mich wirklich sehr mögen – eine der drei Scheiben, die er sich mit der linken Hand gegriffen hat. Mano gibt mir mit gemischten Gefühlen schließlich sein zuviel genommenes Stück.

Das Brot schmeckt köstlich! Ein absoluter Genuß!

Nachdem das Schicksal des Brotes entschieden ist – es bleiben nur wenige Mehlkrümel, die Ary lachend und mit weit herausgestreckter Zunge vom Boden der Schüssel leckt, das Gesicht völlig vom Mehlstaub bedeckt, schneeweiß wie eine aufgedonnerte alte Schachtel, die zitternd unter ihrer von Termiten zerfressenen Veranda steht –, nachdem das Schicksal des Brotes also endgültig entschieden ist, schlägt uns die zweite Schüssel in ihren Bann. Es ist eine Art Gros Morne*, bestehend aus gelben Haaren. Auf seinem Gipfel liegen kraftlos – die Mühen des Aufstiegs! – einige Stäbchen aus einem eigenartigen Zeug, das einer winzigen Gurke ähnelt. Wirklich sehr, sehr seltsam! Aber, seltsam oder nicht, Ary füllt sich eiligst davon auf den Teller, und zwar drei- oder viermal mehr, als ihm zusteht, schiebt sich in Windeseile einen enorm großen Löffel davon rein und spuckt es sofort wieder aus. „Nicht gut“, sagt er und verzieht das Gesicht.

Auch Raymond findet ‚das da‘ schlecht. Für Mano ist es „ohne Geschmack und Gefühl, bestimmt ein Essen aus Frankreich …, klar, bei dem Brot.“

Ich fülle mir ein klein wenig auf den Teller. Mano hat recht, das ist weder gut noch schlecht, das

* Berg auf Réunion, 2.992m hoch

ist einfach gar nichts. Ich habe noch nie französisches Essen gegessen, aber alle, die es schon einmal probiert haben, sagen, es sei unglaublich fade. Würzen ist nicht gerade ihre starke Seite. Sie kennen weder Curry noch Safran, noch Knoblauch und nicht einmal Salz. Vor Gewürzen haben sie panische Angst, schlimmer als wenn es der Große Loulou* wäre oder Großmutter Kal** oder ein schrecklicher Teufel, der seinen Hunger nach frischem Fleisch seit Ewigkeiten nicht mehr befriedigen konnte.

Die Direktorin tritt ein. Wirklich, ein schönes Kleid! Sehr schön, auch die Dame, die jetzt ein breites Lächeln aufsetzt, gar nicht übel. Doch ihr Lächeln wird spitz, und sie kneift die Lippen zusammen, als ihr auffällt, daß wir ihren gelben Hanf nicht mögen! „Aber was habt ihr denn gegen geriebene Karotten?" sagt sie, und zwar so furztrocken, daß wir alle das große Zittern bekommen.

Und dann das Donnerwetter, das sie losläßt, da wir alle – und zwar nicht wegen der Religion, was die anderen angeht – es ablehnen, ihre auf beiden Seiten kaum angebratenen Beefsteaks zu essen. Mano hat versucht, seins in Angriff zu nehmen, doch als das Blut herausquoll, wurde ihm

* kreolische Märchenfigur

** Figur kreolischer Erzählungen

schlecht, und das verletzte Stück landete wieder bei seinen Artgenossen.

Die Direktorin platzt vor Wut! Sie sei nicht nur hier, um uns Lesen oder Rechnen zu lehren, sondern vor allem, um uns Lebensart beizubringen und richtig zu essen! Wir müßten endlich lernen, was eine Vorspeise ist, ein Fleischgang, ein Gemüse! Früher, bevor sie das gelernt hätte, habe sie auch, wie wir, alles gleichzeitig auf den Teller getan, alles durcheinander gegessen und heruntergeschlungen, wie es gerade auf den Teller kam. Sie habe die Konsequenzen zu spüren bekommen. Sie sei für eine Wilde gehalten worden, in Frankreich, wo man über sie gelacht habe.

„Und außerdem, wenn ihr es wissen wollt, auch mir ist dieses elende Curry nur allzu vertraut, diese Würstchenrougail, Räucher-Auberginen und Trockenfischbouillon."

Ary versteht von dieser Rede nur wenig, aber als das Wort ‚Würstchenrougail' fällt, macht er Augen so groß wie eine Pfanne. Bei der Erwähnung von Räucherfleisch in Auberginen tropft ihm der Speichel aus dem Mund. Trockenfischbouillon – wer liebte die nicht heiß und innig, ob mit herben Balsamäpfeln oder ohne? Trockenfischbouillon – schon das Wort ist für Ary eine Qual. Er beklagt sich schwach: „Ich hab Hunger!"

Ich habe Angst, die Direktorin könnte gehört haben, wie das Streichholz in einen Haufen trokkenes Zuckerrohrstroh geworfen wurde, und uns alle über die Flammen halten.

Doch sie fährt fort: „Ich habe selbst genug leiden müssen, als daß ich meine Landsleute im intellektuellen, psychologischen und moralischen Elend verkommen ließe!"

Was will sie denn damit sagen? Auf jeden Fall, eines ist sicher. Sie ist nicht aus Europa, wie wir es einen Augenblick geglaubt hatten. Aber wie kommt sie dann bloß zu ihrem ausgeprägten südfranzösischen Akzent?

DIENSTAG, 2. OKTOBER

Mademoiselle Direktorin – Raymond sagt, sie sei eine Mademoiselle, denn sie trägt nur Ringe, aber keinen Ehering an den Fingern –, Mademoiselle also hat beschlossen, uns eine Vorführung guter Tischmanieren zukommen zu lassen. Ihr Schweine, Eber, Säue, Dreckschweine, Ferkel und Wildschweine, die ihr nur fressen, schlingen, euch vollstopfen und den Wanst vollschlagen könnt – seht mal her, wie anständige Menschen essen!

Yvonne hat vorne auf dem Lehrerpult für sie gedeckt. Sie sitzt daran, und wir stehen im Kreis um sie herum. Genauer gesagt, in zwei Halbkreisen, links die Mädchen, rechts die Jungen, mit einem gehörigen Sicherheitsabstand dazwischen. Rosabacke nutzt das Gedränge, um Raymond an den Haaren zu ziehen, der sich umdreht, Drohungen durch eine Zahnlücke zischt und Prügel nach Schulschluß ankündigt. Die Direktorin, die nur ihre eigenen Worte hört oder zumindest so tut, erklärt: „Die Gabel hält man so, das Messer so …"

Selbst wenn wir wie die Schweine essen, die meisten wenigstens, ihre Erklärungen sind für uns alle eine Erniedrigung. Wären sie, besser gesagt, wenn uns der Hunger nicht völlig den Verstand raubte. Wir haben nämlich nur den einen Gedanken im Kopf: Sie möge so schnell wie möglich fertig werden. Natürlich kann sie das trotz ihrer Intelligenz, ihrer Bildung, ihrer Urkunden und Diplome nicht begreifen. Sie ist völlig vertieft in ihre Höflichkeit, ihre Lebensart und ihre guten Manieren. Messer und Gabel in der Hand, führt sie vor, wie man ißt, bis zum letzten i-Tüpfelchen und bis zum Erbrechen. Sie ißt, als äße sie lustlos, denn, wer weiß, was sich gehört, muß stets über das Essen meckern: „Yvonne, meine Serviette! Haben Sie die vergessen? Kommt morgen nicht wieder vor, nein? Und weil jedes Übel auch sein Gutes hat, werde ich euch zeigen, wie man ohne Serviette zurechtkommt."

Und, den kleinen Finger abgespreizt, tupft sie sich die Lippen mit einem Stück Brot ab. Trotz unseres Heißhungers müssen wir natürlich lachen, aber heimlich, denn wenn sie uns sähe, wären unsere Karotten mehr als nur geraspelt! Sie ißt ihr Serviettenbrot nicht einmal auf – sie legt das Stück achtlos auf den Rand des Tellers, was mehr als einem das Wasser im Munde zusammenlaufen läßt.

„Nun aber zurück zu euren Plätzen! Eßt! Und eßt, wie es sich gehört, wenn ich bitten darf!"

Wir laufen zu unseren Tellern, und um ihr zu beweisen, daß wir ihre Predigt wohl verstanden haben, sorgen wir dafür, daß das gesamte Brot im Handumdrehen verschwindet.

Diesen Dienstag – wie jeden Dienstag: Sardinen aus der Dose. Doch heute gibt es zusätzlich Butter, und zwar keine glitschige Dosenmargarine, sondern ein festes Stück echte Butter. Das schmeckt gut! Die Direktorin ist äußerst zufrieden: Sie sieht uns essen. Zweifellos essen wir mit ein bißchen zuviel Appetit, aber, so wird sie denken, „nach und nach werden sie lernen, Gefallen an der Küche zu finden und zugleich darüber zu nörgeln." Soubaya wünscht ihr dabei viel Vergnügen mit Mano, Ary, Rosabacke, Adele und der ganzen Bande.

Die Direktorin geht zwischen den Tischen umher. Sie korrigiert hier, wie einer die Gabel hält, befiehlt dort jemandem, den Mund zu halten, und geht schließlich triumphierend hinaus. Kaum ist sie draußen, findet die Kantine zu sich selbst zurück: Zuerst sintflutartiger Lärm, dann wird reingehauen, gemampft und hinuntergeschlungen. Schlimmer als je zuvor.

Ich schaue in Linas Richtung. Sie ist dabei, die Lektion in guten Manieren zu imitieren. Sie führt Mienen und Gestik der Direktorin vor, hebt und senkt die Augenlider und spitzt den Mund wie einen Hühnerpopo. Kein Hinternwackeln, aber fast. Den kleinen Finger abgespreizt, tupft sie sich die Lippen. Statt aber das Stück Brot auf den Tellerrand zu legen, wirft sie es sich mit Grazie in den Mund ... daneben! Also fängt sie an zu lachen, aus vollem Halse zu lachen, und ihre weißen Zähne strahlen vor Freude.

Großmutter hat auch schöne Zähne. Trotz ihres Alters ist ihr noch kein einziger aus dem Mund gefallen. Denn sie putzt ihre Zähne jeden Morgen und jeden Abend sehr, sehr lange mit Holzkohlepulver, das sie selbst sehr, sehr feingemahlen hat. Dann spült sie den Mund dreimal mit Wasser aus. Der Spiegel bleibt frei. Wenn er gewollt hätte, hätte Großvater sich während der Zeit kämmen können. Wer sagt mir eigentlich, daß er es nicht getan hat?

Lina putzt sich die Zähne bestimmt nicht mit Kohlepulver. Vielleicht mit Pfirsichblüten? Wie wunderbar ihr Pfirsichblütenmund duften muß!

FREITAG, 5. OKTOBER

Oft ist das Essen fast roh, aber immer ist es fade – Salz kennt diese Direktorin nicht, auch keine Gewürze. Seltsam, daß sie Kreolin sein soll. Und wirklich selten tischt sie uns etwas Gutes auf. Wie zum Beispiel Sardinen aus der Dose – da bleibt nichts in der Schüssel. Ihr ‚französisches Curry' bleibt dagegen stehen, bis es schlecht ist. Nein, ich verbessere mich, schlecht wird es nicht, denn wir haben zu großen Hunger, vor allem jene, die abends nichts in den Magen bekommen. Wir essen. Ein wenig. Es bleibt viel übrig, und niemand prügelt sich mehr darum. Mano sagt, Yvonne freut sich über die vielen Speisereste. Sie hat beschlossen, damit ein Schwein zu mästen.

„Und das Fleisch? Was macht sie mit dem Fleisch?"

„Wieso? Glaubst du vielleicht, Schweine fressen kein Fleisch?!"

„Und wenn sie die Reste abends selbst ißt?"

„Hm! Gut möglich! Yvonne, cochonne! Yvonne, die Sau!"

Ein so gelungener Reim und ein so treffender Vergleich, daß selbst die ehemaligen Tellerabkratzer in Gelächter ausbrechen. Doch es ist besser, leise zu sein, bevor die Direktorin etwas hört oder, noch schlimmer, Yvonne merkt, daß wir uns über sie lustig machen, und sie nachher, wenn die Direktorin gegangen ist, einen von uns am Kragen packt.

Das Brot hingegen hat gar keine Zeit zu verschimmeln. Wie wunderbar dieses Brot schmeckt! Was den Geschmack betrifft, so hält es dem Vergleich mit Basmati-Reis stand. Doch leider kann der Magen, wenn er ausschließlich mit Brot vollgestopft wird – und sei es mit dem besten – nur Betrug schreien. Bis obenhin voll sein, vom Hunger geheilt werden, das geht nur mit Reis und nichts anderem.

Es macht Mamsell nervös, wenn sie sieht, daß wir ihren Fraß nicht mögen, zumal sie selbst sich um die Gerichte kümmert. Madame Barbin, die Köchin, putzt nur noch, hackt und stampft, dann heißt es: „Stell dich dort hin und schau zu." In Wirklichkeit kocht die Direktorin die Mahlzeiten.

„Darum dauert die Zehn-Uhr-Pause so lange", sagt Raymond. „Ich muß schon sagen, sie reißt sich den Arsch auf!"

„Wenn du findest, daß sie sich so ins Geschirr legt, dann hau dir doch die Sachen rein, die sie fabriziert!"

„Äh, ich kann nicht!"

„Du kannst nicht, du kannst nicht! Weil du keinen Hunger hast! Wenn du wirklich Hunger hättest ..."

Wieso ‚keinen Hunger'? Uns allen hängt der Magen auf den Schuhsohlen. Steine würden wir fressen! Die eigene Mutter und die Kleinen noch dazu! Aber dieser rohe fade Fraß …

Rosabacke ist am Ende. Immer wieder wiederholt er: „Man muß es ihr mal sagen! Man muß es ihr mal sagen!"

„Was denn?"

„Ich weiß nicht – irgendwas."

„Irgendwas was?"

„Irgendwas, daß sie uns was zu essen geben soll, was wir gewohnt sind!"

Ihr sagen! Ihr sagen! Wer wäre so wahnsinnig, sich freiwillig in einen Ameisenhaufen zu werfen?

SAMSTAG, 6. OKTOBER

Wir Hunger, fick deine Mutter!"

Rosabackes Stimme hallt durch den riesigen Saal. Im selben Augenblick fährt Mamsell wie von der Wespe gestochen hoch. „Wer hat diese Unverschämtheit gebrüllt? Wer? Aha! Der mutige Täter möchte wohl gern anonym bleiben! Der Sohn des Kain! Und dann ein Dolchstoß in den Rücken, was?"

Sie hat ihre Schimpftirade noch nicht zu Ende gebracht, als Yvonne sich auf Rosabacke stürzt. „Er war's, Mademoiselle! Er war's, ich hab ihm gesehen!"

„Also, du warst das, du fetter Tölpel! Hast du etwas zu sagen? Dann sag es mir ins Gesicht!"

Rosabacke, von dem wir alle dachten, er würde klein beigeben, faßt Mut und sucht nach Worten, die er, wie zuvor Yvonne, für Französisch hält: „Wir Hunger, Madame!"

„Wir Hunger! Wir Hunger! Aber dann eßt doch, Herrgott noch mal!"

„Nicht schmeckt, Madame!"

„Das ist entschieden besser als all eure Curry und Rougail ... Es schmeckt nicht? Wie ihr wollt! Etwas anderes bekommt ihr aber nicht! Und wenn ihr nicht zufrieden seid, dann wißt ihr, was ihr tun könnt!" Mit einer großen Geste zeigt sie uns die Tür.

„Deine Mutter hockt in der Scheiße!"

Rosabacke hat seine Beleidigung der Direktorin voll ins Gesicht geschrien. Selbst wenn sie den Sinn nicht verstanden hat, ihr Tonfall konnte der Dame kaum entgehen. Daher packt sie Rosabakke an den Ohren und läßt ihn gehörig tanzen, oh ja!

„Acht Tage Ausschluß vom Unterricht! Ihr werdet schon sehen, was ihr davon habt, wenn meine Küche euch nicht schmeckt und ihr mich beleidigt! Gibt es noch andere Kandidaten?"

Die Männchen im Bilderbuch könnten nicht stummer sein als wir.

DIENSTAG, 9. OKTOBER

In dem Augenblick, als wir in den Speisesaal hineingehen, ruft uns Rosabacke, der unter dem alten Fenster auf uns wartet, das so hoch ist wie die Zinne einer dieser Burgen in den Büchern. Wir gehen hin. Rosabakke lacht. Sein Mund ist von unreifen Jambolanas ganz violett gefärbt. Er lacht, aber in Wirklichkeit ist er am Ende seiner Kräfte: „Ich hab Hunger! Was hab ich für einen Hunger!"

Gestern ist er zu Hause geblieben. Sein Vater, der glaubte, er wolle sich vor der Schule drücken, drückte ihm ein großes Zuckerrohrmesser in die Hand und zwang ihn, bis in die tiefe Nacht Zukkerrohr zu schneiden – ein Zuckerrohr voll giftiger Ameisen, voll stechender Borsten. Also hat Rosabacke heute so getan, als ginge er zur Schule, ist den gesamten Tag auf der Suche nach etwas Eßbarem herumgeirrt, hat nur Zuckerrohr und eine armselige Handvoll Früchte gefunden und steht nun da und weint vor Hunger. „Ich kann nicht mehr! Lieber Gott, ich kann nicht mehr!"

Mano legt zwei Sardinen und ein paar Scheiben Brot auf einen Teller, den er dem am Fuße der Festung stehenden Rosabacke herunterreichen will. Doch sein Arm ist entschieden zu kurz. „Soubaya," sagt er zu mir, „gib du das dem Tönnchen!"

Trotz allem, was Rosabacke gesagt und auch getan hat – ich recke mich so weit wie möglich über die tiefe Fensternische und strecke den Teller zur fleischigen Hand besagten Tönnchens.

Wenn eine Tonne ungefähr hundert Kilo ausmacht, dann paßt dieser Name auf Tönnchen wie angegossen. Allerdings hatte, wer immer ihm den Namen gegeben hat – ein mürrischer Onkel, ein schalkhafter Großvater, eine ihre allzu große Zärtlichkeit verbergende Mama –, es nicht schwer und höchstens die Qual der Wahl: Er oder sie hätte ihn ebensogut kleines Faß, kleinen Eimer, fetten Dussel, süßes Dickerchen oder Michelin-Männchen nennen können!

Tönnchen gehört nicht zu denen, die abends nichts zu essen bekommen. Sein Vater besitzt sogar einen richtigen Laster, mit dem er das Zuckerrohr der anderen transportiert, was heißt, bei Tönnchen zu Hause sind sie reich. Doch Tönnchens Mund hat keine Bremse und sein Bauch keinen Boden. Er kann nicht anders, er muß ständig etwas zwischen den Zähnen haben, kauen, schlucken und schlingen.

Manos Sardinenbrot hält nicht lange vor. Zum Glück bringt Lina noch etwas zu essen, ein Geschenk der Mädchen. Kaum habe ich es Rosabakke hinuntergereicht, als Lina mir zuflüstert: „Achtung! Yvonne!“

Tatsächlich, sie kommt. Dicker Tabak sieht uns in aller Eile vom Fenster weglaufen, bewegt sich geradewegs dorthin, beugt sich, so weit ihr schwabbelndes Fett das erlaubt, hinaus und sieht – absolut nichts, null, blauen Dunst in der Kalebasse. Das Fenster ist so hoch, daß Tönnchen, der sich sicher unten an die Wand drückt, trotz seines Specks nicht zu sehen ist. Trotzdem, ohne Lina wäre es mir an den Sack gegangen!

MITTWOCH, 10. OKTOBER

Um uns für das leider allzu wenige Essen zu danken, das wir ihm hinausreichen konnten, macht Tönnchen uns ein Chamäleon zum Geschenk. Ein verdammt großes, vor Wut ganz rot verfärbtes Männchen, das seine angriffslustigen Stachel vom Kopf bis zum Schwanzende aufsträubt. Raymond hält das Chamäleon, dessen Wut dadurch nur noch größer wird, am Ende einer Leine, die Tönnchen aus Sisalschnüren geflochten hat. Abgesehen von Adele und Gilbert, die Schiß haben, ist die Kantine von fröhlicher Begeisterung ergriffen. Alles lacht und hat Ideen, was man mit dem Chamäleon machen könnte. Ary möchte es räuchern, aber niemand hat den kleinsten Zigarettenstummel oder das winzigste Streichholz. Mano beschließt, daß man es einsperren müsse und wenn, dann in der Serviettenschublade der Direktorin. Wir haben gerade noch die Zeit, uns unseres Lehrerinnenschrecks zu entledigen, bevor die fette Yvonne hereinkommt.

Mamsell gibt uns wieder eine Lektion in Tischmanieren, obgleich ihr Herz nicht mehr dabei ist. Wirklich wahr, sie sollte uns Haufen Schulkinder besser unserer Dummheit überlassen! Yvonne hingegen entwickelt sich zu einer großartigen Schülerin. Man muß sie gesehen haben, wie sie sich beim Schneiden des Fleisches auf die Lippen beißt, wie sie alles mit Brot abwischt: ihre Lippen, ihre Finger, ihre Backen, ihre Arme, sogar ihr Kleid, das häufiger Bratensoße abbekommt, als ihm zusteht. Und immer landet das Serviettenbrot im immensen Mülleimer ihres Mundes!

Lina hat jetzt nicht nur eine, sondern zwei, die sie nachmachen kann, und läßt sich das nicht entgehen. Sie schleudert ihren Spott geradewegs heraus. Sie spreizt geziert die zarten kleinen Finger ihrer zarten Hand und streckt plump ihre Pranken auseinander. Sie tupft sich sachte die Lippen und reibt sich wie eine Pottsau den Dreck ab. Sie setzt eine vornehme Miene auf und schneidet vulgäre Grimassen.

Herr-Guter-Gott-Jungfrau-Maria! wie Raymond immer sagt. Wenn sie nur nicht von der Gezierten oder ihrer Schergin erwischt wird!

FREITAG, 12. OKTOBER

Heute besteht das Geschenk von Tönnchen in einer großen Jackfrucht. Was heißt schon groß! So groß nun auch wieder nicht, aber immerhin mindestens fünfzehn Kilo. Tönnchen hat sie auf eine dieser langen Stangen gespießt, die dazu dienen, überschwere Bananenstauden abzustützen, und schiebt sie die Mauer hoch, bis ich den Stiel zu fassen kriege. Ich ziehe und ziehe, er schiebt und schiebt. Zu guter Letzt ist die Jackfrucht da. Wir legen sie auf ein leeres Pult neben dem Fenster, und dank ihrer rauhen Schale rutscht sie auf der schrägen Fläche nicht einmal herunter. Mit einem langen Messerschnitt zerteile ich die Jackfrucht wie ein Schwein in zwei Hälften. Sogleich erobert ihr Gestank den riesigen Speisesaal. Sogleich teilt sich die Kantine in zwei Lager.

Ihr müßt wissen, die Jackfrucht läßt keinen kalt. Die einen lieben sie bis zum Wahnsinn, die anderen hassen sie wie die Pest. Es gibt die ‚Jackiner' und die ‚Antijackiner', genau wie die Dick-Ender und die Spitz-Ender in *Gullivers Reisen*, die ich gerade ausgelesen habe. Die Jackiner begeistern sich für ihren schweren, süßen Duft, für ihr weiches und leicht öliges Fruchtfleisch, für ihren

Geschmack nach Honig und kandierten Zuckerrohrbonbons. Die Jackiner sind fanatische Anhänger der Jackfrucht und lassen sich für lange Minuten des Glücks ganz von ihr durchdringen. Die Antijackiner beschuldigen sie eines Übelkeit erregenden Gestanks, weil sie wie ein fetter Aal den Hals hinunterrutscht, sich dann im Magen breitmacht und denjenigen, der unglücklicherweise von ihr probiert hat, erst nach vielen, vielen Stunden wieder freigibt.

Wirklich, die Jackfrucht läßt keinen kalt, und die ganze Welt teilt sich zu gleichen Teilen in Jackiner und Antijackiner, mögen sie sich nun dazu bekennen oder nicht. Die Scheidelinie zwischen den zwei Lagern stellt nicht die Gefräßigkeit dar. Adele und Mano sind Jackiner, aber auch meine Wenigkeit, und ich halte mich nicht für einen der Gierigsten. Vielleicht ist Anfall-Gilbert, der Epileptiker, der über jedes Essen mäkelt, dagegen – aber Ary?! Auch Lina gehört ins Lager des schlechten Geschmacks! Lina! Da bin ich platt!

Ich scherze, doch ich frage mich – auch weil sie angesichts der Jackfrucht die Nase rümpft –, ob ich ohne ihre ermunternde Geste davon gegessen hätte. Genauer gesagt, ob ich die Absicht gehabt hätte, es zu tun, denn kaum hat Mano mit Hilfe der Seiten eines herrenlosen Hausaufgabenheftes das milchige Wasser abgewischt, das zu ihren Lebzeiten im Körper der Jackfrucht zirkuliert, als Yvonne den Speisesaal betritt. Wir haben keine Gelegenheit mehr, unsere ‚Todsünde' verschwinden zu lassen. Wir können nur noch auf Distanz gehen.

Yvonne hat die Jackfrucht erblickt. Ohne ein Wort zu sagen, kommt sie näher. Sie steht vor der Jackfrucht. Schweigend verweilt sie einen Augenblick vor der noch dampfenden Frucht, dann gräbt sie ihre Bagger in deren zarten Leib. Und wir, wir wagen nicht, etwas zu tun oder zu sagen. Totenstille in der Kantine, während Yvonne sich ein königliches Mahl gönnt.

Die Partei der angeekelten Antijackiner in zehn Metern Abstand, unsere Fraktion neidischen und feigen Blickes im Kreis um Yvonne, die sich den Wanst vollschlägt – dieses Bild bietet sich der Direktorin, als sie eintritt. „Yvonne! Schluß damit!" Die Art, in der sie das sagt, gibt sie als eingefleischte Antijackinerin zu erkennen. Absolut.

SAMSTAG, 13. OKTOBER

Wir haben ein Gegengift gegen die gefährlich fade Küche der Direktorin gefunden: Piment. Ihre zu Brei zerkochten Kartoffeln, ihre kaum gekochten grünen Bohnen, ihr in Wasser gekochtes Fleisch – nicht das rohe, das herunterzuschlucken kaum jemandem gelingt –, all diese Gaumenschänder lassen sich durch Piment schließlich doch dazu überreden, in die Toilette hinabzusteigen, vorher kurz den Magen zu durchqueren und sich auf ihrem weiteren Weg jedes heimtückischen Verhaltens zu enthalten. Ich scherze, denn es stimmt zwar, daß die Franzosen kein Ziegen- und kein Zickleinpiment, kein Blumen- und kein Kirschpiment, kein blaues und kein weißes, kein großes und kein kleines Piment kennen – doch krank werden sie trotzdem nicht. Im Gegenteil, oft werden sie rosig wie Babypuppen, dick wie Tonnen und fett wie Tanrecs* vor dem Winterschlaf.

Ich lästere immer noch. Im Grunde genommen habe ich an der Küche der Direktorin nur wenig zu kritisieren. Abgesehen davon, daß es bei ihr weder Salz noch Gewürze gibt, daß das

* ein dem Igel verwandtes réunesisches Säugetier

Gemüse fast immer nur in Wasser gekocht oder geradezu roh ist, daß das Fleisch Blut pißt –, abgesehen davon gibt es an dem Essen, das sie uns vorsetzt, nichts auszusetzen. Abgesehen vielleicht auch davon, daß wir niemals Reis bekommen und daß unser Bauch trotz des Brotes – herzlichen Dank für ihre Güte! – immerzu jammert und protestiert, denn ohne Reis kann selbst der allervollste Magen, wenn er uns nicht gerade der Lüge und des Betrugs anklagt, nur lauthals das traurige Lied der leeren Kalebasse singen, von dem wir schon Kopfschmerzen bekommen haben.

Während Yvonne und die Direktorin sich die Lippen abtupfen, wandern drei Gläser Piment durch den Speisesaal. Drei Gläser mit schöner roter Paste, reich an Knoblauch und Ingwer. Drei ordentliche Gläser, die allein schon ausreichen würden, um sämtliche Liebhaber faden Fraßes auf der ganzen Welt ganz gräßlich zu zwacken, um ihre zarten Gaumen und empfindlichen Zungen im höchsten Grade zu verbrennen, um all ihre Mayonnaisehälse, Crememägen und Béchameldarmzotten dahinzuraffen.

Eins der drei Gläser gehört mir. Und obgleich das mein Eigentum ist und nicht zur Ausstattung der Schule gehört, gebe ich den anderen natürlich ein wenig ab. Aber Vorsicht: Wehe, eine abgeleckte Gabel kommt in mein Piment! Mit einem sauberen Messer oder zur Not dem Stiel der Gabel oder des Löffels ...

Ab und zu schleicht die Direktorin zwischen den Tischen umher, auf der Jagd nach unseren schlechten Manieren: wie einer aus dem Glas trinkt, während er noch die Kanne in der Hand hält, wie ein anderer mit den Fingern in den Salat greift. Und dort schneidet gar jemand die Kartoffeln mit dem Messer! Sobald sie in der Nähe ist, verbergen wir unser Piment, vergraben es unter den Möhren, decken es mit einem Salatblatt oder einem Stück Fleisch zu. Kurz, wir bewahren unseren kleinen Schatz ... und unsere Ruhe. Unsere Gefängniswärterin – ist es etwa keine Sträflingsarbeit, ihren Wortsalat schlucken zu müssen? –, unsere Gefängniswärterin sieht nur blauen Dunst. Sie ist im Moment sogar richtig zufrieden: „Da seht ihr, meine Küche fängt an, euch zu gefallen! Bald wird in den Schüsseln nichts mehr übrigbleiben. Schade um Ihre Schweinezucht, Yvonne. Aber die Kinder gehen vor, nicht wahr?"

Yvonne grinst ihr Sonntagsgrinsen und brabbelt: „Macht nichts, Mademoiselle. Mach dir nicht's draus. Komm ich schon anders klar."

Mano hatte also recht, was die Schweine betrifft!

Besagte Gefängniswärterin hat mich erwischt, als ich mir mit der Hand – mit der Hand, was für ein Verbrechen! – ein kleines Stück Wurst in den Mund schob. Was hat sie mir nicht alles vorgehalten!

Wirklich erstaunlich, wie dieses Weibsbild es fertigbringt, einen mit völlig sauberen Worten zum letzten Dreck zu machen: „Vielfraß", „Kretin", „Faultier"! Wenn sie vermutet, daß du sie nicht verstehst, liefert sie dir zu ihren Gemeinheiten die Erklärung gleich mit. Da kannst du gleich noch dein Französisch verbessern. Ein Wurf, zwei Treffer. Sieben getötet, vierzehn verletzt und das alles mit einem Schuß: „Du weißt nicht, was ein Faultier ist? Nun, das ist ein Tier, das geistig unterentwickelt und faul ist, genau wie du! Siehst du, der Name paßt gut zu dir!"

Nur zu, Mademoiselle! Genieren Sie sich nicht! Ich habe ein dickes Fell, und ich breche nicht so schnell zusammen! Tun Sie mir weh, wenn Sie können! Doch ich warne Sie: Jetzt blutet mir nur das Herz, aber eines Tages sind auch für euch Gottesanbeterinnen die fetten Jahre vorbei, und der Augenblick wird kommen, wo ich den Kopf nicht mehr so senke, wie ich es heute tun muß.

Tun Sie mir ruhig weh! Doch was könnten Sie mir antun? Ich kann gar nicht ausdrücken, wie sehr ich auf all den Blödsinn scheiße, den Sie mir hinterherkläffen. Seit Tausenden und Abertausenden von Jahren essen wir Tamilen so. Was sollte daran ungehörig oder anstößig sein? „Mit der Hand essen! Mit der Hand essen!“ schimpfen Sie. Zunächst einmal essen wir nicht mit der Hand, sondern mit den Fingern, mit den Fingerspitzen, genauer gesagt. Wenn du dir bei Großmutter auch nur die kleinste Fingerspitze schmutzig machst, dann bricht ein Donnerwetter los. Wenn dein kleiner Finger schmutzig ist, dann steh schnellstens auf, geh dir die Hände waschen und kau auf deinem Hunger bis zur nächsten Mahlzeit herum. Und wenn deine ganze Hand schmutzig ist, öffnet Vater seine Gürtelschnalle, denn gleich wird Großmutter mit finsterer Miene sagen: „Gestattest du dem Kind etwa so eine Ungezogenheit!“

Wer behauptet, wir äßen mit der Hand und das wäre unhygienisch, der hat noch nie Großmutters zarte Hände mit ihren zwei schmalen Goldringen gesehen, wie sie mit den Fingerspitzen ein Reiskügelchen formen, das der Daumen in den Mund gleiten läßt.

Also, Mademoiselle Direktorin und alte Dreckschleuder! Glaube nur nicht, daß dein Geifer mich trifft oder mich gar naß macht. Er perlt von mir ab, wie Wasser von fetten Taroblättern.

Die Direktorin entfernt sich, ich hebe wieder die Nase und bemerke, daß Lina mich von ihrem Platz aus beobachtet. Als ich sie ansehe, wendet sie ihre Augen nicht ab, sondern lächelt mir zu.

Zuerst traurig, dann fröhlicher. Sie tut so, als nähme sie ein Stück Brot und als tupfte sie sich die Lippen ab, den kleinen Finger abgespreizt. Jetzt lächele ich auch. Sie wischt sich die Wangen, die Nase und die Stirn ab. Ich lache aus vollem Halse. Sie auch, und zwar so sehr, daß ihr Ellenbogen gegen ihren Teller stößt, der unverzüglich auf der schmierigen Schräge ihres Pultes hinunterrutscht. Der Wurstbrei landet auf ihrem Kleid, der Teller hüpft wie auf einem Bein über die Steinfliesen. Wie ein Raubvogel fängt sie ihn wieder ein!

MONTAG, 15. OKTOBER

Tönnchen hat seinen Platz in der Kantine wieder eingenommen. Genauer gesagt, den von Joseph, der fast jeden Tag fehlt, weil er das Zuckerrohr einsammeln muß, das sein Vater schneidet. Alles in allem finde ich, daß Tönnchen gar nicht so ein Aufschneider ist. Ich hatte eigentlich eher mit dem Gegenteil gerechnet. Er erzählt uns seine Abenteuer eigentlich eher mit Humor, als daß er damit angäbe. Tönnchen hat seine ‚vita activa' damit verbracht, Zuckerrohr zu kauen, grüne Heuschrecken zu verzehren und Chansons zu verfassen, nicht über die Direktorin, da fehlte die Inspiration, sondern über Yvonne Grüner Tabak. Hier zwei Chansons. Das erste ist eine Kombination von Politik und Schweinekram:

Den Tabak der grünen Yvonne
kann auf der ganzen Insel
nur die Piepe
des Bürgermeisters zum Qualmen bringen.

Im zweiten tritt die Politik zurück, um jener Hygiene Platz zu machen, mit der die Lehrerin uns dauernd die Ohren schrubbt:

He, Yvonne!
Savonne!

Seif mal deinen Tabak ein!
Der stinkt nach tausend Stößen!

Ary und Mano strahlen, als sie diese Chansons hören, doch Raymond gefallen sie nicht. Er macht besonders das zweite herunter: „Merkst du nicht, daß das Ende nicht gleich ist! In einem wahren Lied paßt der Schluß immer zusammen. Hör mal zu!"

Um ein Beispiel vorzuführen, singt Raymond:

Als stolze, blonde Gallier
Marschieren wir im Kreis umher ...

Er fährt fort: „Siehst du, Galli-er, im Kreis umher: Das ist gleich. Deine Lieder sind gar keine richtigen. Die tun nur so. Jawohl!"

„Es ist aber fast gleich", läßt Tönnchen ganz ärgerlich verlauten.

„So ist es doch schöner, als wenn es gleich wäre, richtig gleich", sage ich, um Tönnchen zu trösten.

„Und außerdem, ‚Stinkt nach tausend Stößen'", läßt Raymond nicht locker. „Ein Stoß stinkt doch nicht! Hast du noch nie einen Stoß abgekriegt? Wie soll der denn wohl riechen? Riecht etwa ein Stein, an dem du dich stößt? Oder blutet dein Zeh? Ein Stoß kann nur nach Blut riechen, und Blut riecht nach gar nichts!"

„Also, ich hab noch nie einen Stoß abgekriegt", sagt Gilbert stolz, um uns daran zu erinnern, daß er Schuhe besitzt, auch wenn es nur alte blaue

Turnschuhe aus Stoff sind. Gilbert ist, wegen seiner Epilepsie, als einziger von uns so krank, daß er seine Zehen in den Knast sperren muß.

„Dann mach doch selbst eins!" gibt Tönnchen schließlich geschlagen zurück.

„Ach, Raymond ist doch nur neidisch", sage ich. „Es gibt keine Lieder, die so frech sind wie deine!"

Da erwische ich mich heute zum zweitenmal dabei, daß ich Tönnchen tröste. Denn eigentlich ist er ja ganz nett und nicht wütend geworden. Zum anderen verdienen seine Romanzen nicht, dermaßen heruntergemacht zu werden. Zumal die Musik einwandfrei zu den Versen paßt. Tönnchen spielt die Melodie auf einer winzigen Mundharmonika, die ihr Gehäuse verloren hat und deren Plättchen hin und her zittern, wenn er darauf bläst. Sein Blasinstrument holt Tönnchen nur heimlich heraus, aus Angst, die Direktorin könnte es in eine ihrer mit zwei Schlössern verschlossenen Schubladen einkerkern, ganz abgesehen von dem Theater, das sie veranstalten würde.

Lina hat ihren Haarknoten gelöst. Wie sie den rotglühenden Lavastrom zurückwirft, damit er sich nicht in ihren Teller ergießt, das muß man gesehen haben!

III

DIENSTAG, 16. OKTOBER

Heute nacht habe ich von Lina geträumt. In meinem Traum löste sie ihre langen Haare. Es streift sie ein leiser Wind, er wiegt sie, er küßt sie. Eigentlich ist es gar kein Wind, es ist der Atem aus meinem Mund. Mein Atem liebkost ihre Haare, gleitet über ihre Stirn und verschließt ihr sanft die Augen. Dann nähert sich mein Mund, berührt den ihren, kaum merklich öffnen sich ihre Lippen, und meine Lippen öffnen sich ...

Da kommt Ary, mit seinem komischen Fuß und seinem Kürbiskopf, zerrt Lina am Kleid und klammert sich an sie. Lina sträubt sich. Nichts zu machen, Ary läßt nicht los.

„Laß uns doch in Frieden", schreie ich. „Hau ab!" Ich schreie und schreie. Ich will ihm eins auf seine dicke Rübe geben, seinem Glockenschwengel Fußtritte versetzen. Lina nennt mich herzlos und gemein. Sie versucht, Ary vor meinen Schlägen zu schützen. Meine Schläge treffen jetzt sie. Und die Schläge bringen, obwohl sie ganz leicht sind, Lina zum Weinen. Lina weint. Sie weint, daß es mir das Herz zerreißt.

Jetzt, an diesem zu niedrigen Tisch, umgeben vom faden Geruch des faden Essens, inmitten dieses gackernden Hühnerstalls, hebe ich ständig den Kopf, um ihren Blick einzufangen. „Bitte, lieber Gott, gib, daß sie mich anschaut! Und wenn es aus zehn Metern Entfernung und nur für drei Sekunden wäre, bitte, gib, daß sie mich anschaut!“

Doch sie läßt sich nicht einmal dazu herab, den Kopf in meine Richtung zu wenden. Was hat sie bloß! Und was hat bloß Adele Schick-Schick, die neben ihr sitzt, sie ständig mit dem Ellenbogen in die Seite stößt und kichernd zu mir herüberschaut?

Ich glaube, ich weiß, was los ist. Wenn Lina mir die Schmach antut und lacht, dann sieht sie mich nie wieder. Danke, lieber Gott, sie lacht nicht. Sie erhebt sich. Tausend Dank! Sie steht auf, nimmt wütend ihren Teller ... und setzt sich an einen anderen Tisch.

MITTWOCH, 17. OKTOBER

Iß doch Baya!" Raymond nennt mich nur noch bei meinem Kosenamen. Trotzdem bin ich nicht sicher, daß er mich mag.

„Iß doch!"

„Schmeckt nicht."

„Schütt 'ne Tonne Piment rein, dann rutscht's runter."

„Ich habe keinen Hunger."

Was fällt Raymond jetzt bloß ein, daß er anfängt, mich durch den Kakao zu ziehen?

„Baya hat keinen Hunger. Baya ist nicht in Form. Baya hat bestimmt Würmer. Mama soll Baya ein schönes Abführmittel zubereiten."

„Paß bloß auf! Laß meine Mutter aus dem Spiel und mich in Frieden!" Ich bin Raymond nicht böse, daß er meine Mutter in seinen Spott einbezieht. Er kann nicht wissen, daß sie vor langer Zeit gestorben ist. Vielleicht will er nur Spaß machen? Trotzdem, er sollte mit seinen dummen Geschwätz aufhören, denn ich bin nicht in der Stimmung, auch nur noch ein Wort mehr zu ertragen.

Raymond drückt sich auf seinen Stuhl und spielt die beleidigte Leberwurst. Ich denke: „Mach so viele Leberwürste, wie du willst. Ich esse sowieso keine."

Seitdem sie ihre Haare offen trägt und die große Dame spielt, hat Lina kein Herz mehr. Sie wirft nicht einmal ihrem Bruder mehr einen Blick zu.

FREITAG, 19. OKTOBER

Hinter vorgehaltener Hand verrät Anfall-Gilbert den anderen, daß seine Mutter in der Stadt war und die Gelegenheit genutzt hat, sich beim Schulrat darüber zu beschweren, daß das Essen nicht schmeckt. Da sind Leute wie Rosabacke, Kürbiskopf und Ohne-Eier völlig baff: beim Schulrat! Stellt euch nur vor! Sogleich richten sich alle Blicke auf unseren Anfall, der normalerweise so wenig auffällt, daß sie ihn nicht einmal sehen. Seine Angeberei verleiht ihm nicht gleich strahlenden Glanz – das wäre übertrieben –, doch immerhin läßt sie ihn weniger blaß erscheinen.

„Ihr werdet schon sehen, da passiert was! Der Inspektor hat es Mama versprochen. Wartet nur ab!"

„Wird es wieder wie früher?" fragt Tönnchen, dem schon bei dem bloßen Gedanken der Speichel aus der Schnauze tropft wie einem Schwein in Erwartung seines mit Spülwasser gefüllten Trogs.

Ob die alten Zeiten zurückkehren oder nicht – was tut das schon? Wie eine Sturmwelle überrollt mich das Verlangen abzuhauen. Abhauen, fortlaufen, dieser Schule entkommen, dieser trostlosen Siedlung im hintersten Winkel der Zuckerrohrfelder, den dummen Bauern hier, die sich nicht einmal Schuhe kaufen können, aber vorgeben und sogar noch stolz darauf sind, weiß zu sein! Und dieser Lina entkommen, auf die ich gut verzichten kann!

SAMSTAG, 20. OKTOBER

Als wir uns hinsetzen, rutscht mein neuer Kamm aus der Tasche hinten an meiner kurzen Hose und fällt auf den steinernen Kantinenboden. Raymond hebt ihn auf. Er ist verblüfft: „Du hast 'nen Kamm!"

Ich habe einen Kamm. Ja und, ich habe eine Kamm! Ich bin bestimmt der einzige in dieser Schule, der einen Kamm besitzt! Übrigens besitze ich diese zwanzig Bakelitzähne erst seit gestern abend. Alle sind wie vom Blitz getroffen. Wegen meines Kamms und weil ich seine Existenz verschwiegen habe.

„Du hast 'nen Kamm und sagst es nicht!?"

„Ich müßte damit angeben, was? Gezwungenermaßen, denn die Malabars sind ja alle Angeber! Sprecht es doch aus, daß alle Malabars Angeber sind!"

Sie gehen mir alle dermaßen auf die Nerven! Mir reicht's! Soll nur einer anfangen, von Hübsch machen, Liebe und Verliebten zu reden, nur weil ich einen Kamm habe. Den Tag seiner Geburt würde er bereuen!

MONTAG, 22. OKTOBER

Das Essen ist wieder wie in früheren Zeiten, außer daß Yvonne uns nicht mehr die Teller füllt, Reis, Hülsenfrüchte und Curry statt dessen getrennt in Schüsseln serviert werden, die die größeren Mädchen für uns Jungen auf unsere Tische und für die Mädchen auf das Pult der Lehrerin stellen.

Wenn ich ‚größere Mädchen' sage, könnte man gleich an Lina denken, da die anderen Mädchen, weder was Größe noch was Alter betrifft, an sie herankommen. Aber aus irgendeinem mir unbekannten Grund fällt Yvonnes Wahl nie auf Lina.

Lina, Lina, Lina! Kannst du immer nur von Lina reden! Hast du nur sie im Kopf! Sieh lieber Gilbert zu, der sich aufplustert wie ein Truthahn, weil er glaubt, er sei der Urheber der eingetretenen Veränderungen! Wundere Dich über Mano und Tönnchen, die sich über irgendeine Bagatelle halb totlachen können. Staune über Ary, der sich nicht einmal die Zeit nimmt, sein Glück auszukosten. Stopft er sich voll? Nein, die Stücke springen wie von selbst in seinen Mund, stürzen sich freiwillig in seinen Magen. Und die fette Yvonne, wie sie sich wieder den Bauch vollschlägt! Doch ohne die Lippen abzutupfen, bitte sehr!

Sag, Soubaya, willst du dir deine schlechte Laune eigentlich bis in alle Ewigkeit bewahren? Oder könnte sie, wo es ja kein Brot mehr gibt, mit Reis besänftigt werden?

Im selben Augenblick dreht Lina den Kopf in unsere Richtung. Sicherlich schämt sie sich, daß Ary sich vollfrißt, als wäre es der erste Schultag nach den Ferien. Und ich, der ich eifersüchtig sein müßte, daß ich in ihrem Herzen weniger Platz einnehme als ihr Bruder, ich, der ich mich vor kaum zehn Minuten über den gefräßigen Kürbiskopf Ary mokiert habe, ich schäme mich ebenso wie sie. Ich sage: „Langsam, Ary! Langsam! Dein Essen fliegt dir ja nicht weg!"

Ich habe Schiß, daß die anderen mitbekommen haben könnten, was ich gesagt habe, und mich als den ‚älteren Schwager' verspotten. Aber nein – die anderen hören mich nicht. Sie hören nur auf ihren Bauch. Ary auch. Wie könnte ich unauffällig seine Aufmerksamkeit auf mich lenken? Ich hasse es, wenn man mich betätschelt, da werde ich nicht gerade meine Hand auf seinen Arm legen. Ich berühre ihn daher mit dem Griff meiner Gabel. Ary blickt auf.

„Iß nicht so schnell!"

Meine Worte lassen den Kauvorgang zum Stillstand gelangen. Er sieht mich an, fängt langsam wieder an zu kauen, ganz langsam, um meinem Gebot nicht zuwiderzuhandeln, schielt begierig nach dem Stück Rindfleisch, das ich in der Schüssel gelassen habe, mustert Tönnchen, dann Mano, dann Raymond, der doch stets seinen Appetit zu Hause läßt, guckt sogar nach Anfall-Gilbert, dem feindlichsten aller Feinde dieser Küche, und wendet sein verwirrtes Gesicht schließlich mir zu. Ary sieht derart mitleiderregend aus, und was er sagen will, liegt dermaßen auf der Hand, daß ich die Schüssel mit dem Fleisch an meinen Teller schiebe und sage: „Ich gebe dir die Hälfte, wenn du nicht so schnell ißt." Freude, Freude, Freude erfüllt meinen dicken Kürbiskopf!

Soweit ich das von meinem Platz aus sehen kann, ißt Lina nicht mehr als ich.

Heute gibt es sogar Nachtisch! Eine Banane pro Person. All die Bauernkinder hier kennen in dieser Jahreszeit morgens und abends, abends und morgens nichts anderes als Bananen. Diese hier sind schon voll brauner Flecken. Gleichviel, den Bauernkindern wird der Mund wäßrig. Sie freuen sich. Ich gebe meine Banane Ary, der sich vor Freude überschlägt.

Als sie aufsteht, um zu ihrer Schule zurückzugehen, macht Lina einen Umweg. Sie steht hinter ihrem Bruder: „Hier, das ist für dich."

Sie sieht die zweite Banane, die Ary, während er die erste ißt, sorgsam in seiner Hand hält. Sie schaut mich an und lächelt. Dieses Lächeln! Oh, was für ein Dank! Mehr als ein Dank. Ein Geschenk! Ein Zeichen erwiderter Liebe! Ein Lächeln so voller Versprechen, daß ich fast hoffe, sie könnte sagen: „Wenn Ary schon zwei Bananen hat, dann können wir uns diese hier teilen, du und ich!"

Oh, Lina!

DIENSTAG, 23. OKTOBER

Ich weiß nicht, wie ich es anstellen kann, doch anläßlich der Banane, die wir gestern hätten teilen können, werde ich den Mut noch fassen. Ich werde all meinen Mut zusammennehmen und zu ihr sagen: „Du kannst dir gar nicht vorstellen, wie gut sie geschmeckt hat!"

„Hättest du sie lieber allein gegessen?"

„Nein, dann hätte sie längst nicht so gut geschmeckt."

Sie wird rot werden, leuchtend rot, rot wie eine reife Lychee. Wie trunken und mit zitternden Lippen wird sie sagen: „Mir hätte sie auch nicht so gut geschmeckt."

Wie kühn meine Lina ist! Auch wenn sie zweifellos erröten und wahrscheinlich zittern wird – sie ist absolut fähig, das zu sagen, das weiß ich genau.

FREITAG, 26. OKTOBER

Ich habe Hunger, wahnsinnigen Hunger, denn ich bin mir sicher, ganz sicher, daß Lina mich liebt. Knurrend ruft mein Magen zu Tisch, aus vollem Halse singt er die schöne Melodie des Essens, ohrenbetäubend jubiliert er das schöne kreolische Lied vom bald gestillten Hunger. Alles, ob reif oder nicht reif, selbst meine eigene Großmutter würde ich essen – trotz der Achtung, die ich ihr schulde.

Und Lina macht Spaß, tupft sich die Lippen mit einem Stück Brot. Einem, das nur in unserer Phantasie existiert, denn das echte ist von unseren Tischen verschwunden. Offen, ohne sich um Adele Schick-Schick und die anderen zu kümmern, sieht Lina mich an. Lina lacht. Und ich, ich lache auch, weil ich sie lachen sehe und vor lauter Freude. Und dann esse ich und esse. Habe ich beschlossen, Ary zu überflügeln, oder was?

Das mit der Banane habe ich nicht gewagt. Aber intelligent wie sie ist, hat Lina es bestimmt verstanden, ohne daß ich es ihr sage.

An der Tafel, die der dafür zuständige Schüler nicht abgewischt hat:

MORGEN, SAMSTAG, DEN 27. OKTOBER:
AMTSÄRZTLICHE UNTERSUCHUNG

SAMSTAG, 27. OKTOBER

Ein Wunder! Heute, am Samstag, steht Huhn auf dem Speiseplan! Ich liebe Huhn! Doch Lina, die ich vorhin flüchtig gesehen habe, ist noch nicht da. Sicher ist sie bei der ärztlichen Untersuchung noch nicht an der Reihe, und ohne sie fange ich nicht an zu essen.

Der Speisesaal wird mehr und mehr erfüllt vom Lärm klappernder Teller, fallender Messer und Gabeln und aneinanderstoßender Gläser und natürlich von Gelächter und Stimmen. Der normale Geräuschpegel hat sich heute durch die freudige Erregung, welche die ärztliche Untersuchung und das außergewöhnlich gute Essen hervorrufen, um das Zehn- bis Hundertfache vervielfacht. Bemerkungen über das Essen und Äußerungen über den Doktor fliegen hin und her. So eine Mahlzeit hat noch nie jemand in dieser Kantine gesehen. Und noch keiner hat jemals in der Schule – oder anderswo! – einen Arzt gesehen, mit Ausnahme von Anfall-Gilbert und selbst der …

„Habt ihr es geschafft, in das Röhrchen zu blasen?“ fragt Tönnchen.

„Was denkst du denn?“ antwortet Raymond.

„Also, zu mir hat der Doktor gesagt: Der ist aber kräftig gebaut, unser kleiner Dicker!“

Hier im Land der Ausgezehrten kann Tönnchen nur stolz auf sein Fett sein, das er herumträgt wie Ludwig XIV. seine Prunkgewänder.

„Das schmeckt aber gut!“

Joseph, der zufällig anwesend ist, gerät vor Entzücken fast außer sich.

„Weil nämlich bald Wahlen sind, deswegen läßt der Bürgermeister uns so ein gutes Essen zukommen“, sagt Raymond, ganz glücklich über die Erklärung, die trotz Manos Nörgelei vielleicht nur in seiner Einbildung existiert.

„Hat euch der Doktor auch mit den Fingern an die Eier gepackt?“

Sobald von Eiern gesprochen wird – den Hoden eben! –, macht Mano sich ganz klein und schrumpft und schrumpelt. Er ißt nicht mehr, tut nur noch so, kann schließlich nicht einmal mehr so tun, als ob er äße. Er ist besessen von der Angst, seine Kameraden könnten sich daran erinnern, daß er keine Eier hat und er wieder einmal zur Zielscheibe ihres Spotts wird. Doch wie durch ein Wunder schlüpft er heute durch die Maschen ihres Gespötts.

„Klar hat er da angefaßt!“ ruft Raymond, „und er hat gesagt: Huste mal, huste!“

Raymond tut so, als fasse er mit der Hand nach

irgendwelchen Eiern, und versucht vergeblich, ein wenig zu husten: „Hum, Humhum."

„Möchte nur wissen, wo er bei den Mädchen hinpackt!" sagt Tönnchen lachend.

„Da kennst du dich doch bestimmt aus!"

„Blödsinn!"

Wenn er das bei Lina gemacht hat!

Ich stelle mir Lina vor, in tiefster Verzweiflung, meine Lina, und in Tränen aufgelöst.

„Komm, Lina, komm!" rufe ich. „Leg deinen Kopf auf meine Schulter. Leg ihn an meinen Hals und laß mich dich zärtlich streicheln."

Ich küsse ihre sommersprossigen Wangen, ich küsse jede einzelne ihrer Sommersprossen. Und, bei Gott, sie hat viele! Ich streichle sie am Ohr, ich streichle sie hinter dem Ohr, ich streichle ihre roten Haare. Sie schmiegt sich an mich, sie kuschelt sich an mich, dann stößt sie mich heftig weg. Sie schämt sich! Ich möchte näher zu ihr hin, ihr näherkommen. Verzweifelt lehnt sie ab.

„Wie kann ich dir je wieder in die Augen sehen?" sagt sie schluchzend.

Doch hier kommt Lina schon, zusammen mit Ary. Sie strahlt. Er hat ihr nichts getan. Um so besser für ihn! Lina strahlt vor Freude. Ihre Freude ist so groß, daß sie sie mit mir teilen muß. Da sie mich schlecht direkt ansprechen kann, spricht sie mit

Mithé, einer kleinen, braunhaarigen Neuen. Sie spricht sehr laut, damit ich sie hören kann. Der Doktor will, daß Ary operiert wird! Er bekommt dann Schuhe mit einer besonders dicken Sohle und Stützen, die am Bein festgemacht werden. Damit wird er galoppieren können wie ein Rennpferd.

„Freust du dich?" fragt Lina wahrscheinlich zum wiederholten Male.

Natürlich freut sich Ary. Aber er hat Hunger, schrecklichen Hunger! Und es gibt nur noch Reis und einen Rest Soße. Die Hühnchen haben von ihren Flügeln Gebrauch gemacht. Ary würde sich mehr freuen, oder, um die Wahrheit zu sagen, er wäre nicht so unglücklich, wie er jetzt ist, wenn etwas für ihn übrig geblieben wäre – ein fettes, zartes Stück Keule, ein handfestes Stück Magen, etwas gekochtes Blut mit Reis oder wenigstens das Steißende. Aber, leider, die Kalebasse ist leer, sowohl für ihn als auch für mich, der ich beschlossen hatte zu warten. Ich hasse es, wenn man mir meinen Anteil stiehlt – selbst wenn ich keinen Hunger habe, was heute nicht der Fall ist. Meine Augen durchbohren die diebischen Fresser. Um sich jedweden Verdachtes zu entledigen, erhebt Mano Anklage: „Ich war's nicht! Tönnchen war's!"

Raymond legt zusätzlich etwas auf die Waage, die sich bereits bedenklich zuungunsten von

Rosabacke neigt: „Er hat ein paarmal nacheinander genommen. Er hat Berge auf seinen Teller geschichtet: Curry, Reis, nochmal Curry und nochmal Reis. Curry drunter und Curry oben drauf!"

Und richtig! Obwohl auf Tönnchens Teller bereits ein Haufen abgenagter Knochen liegt, lugt unter dem weißen Reis eine goldene Hühnerkeule hervor.

„Ich dachte, Ary käme nicht mehr! Hier, nimm!"

Er hält Ary seinen Teller hin. Im selben Moment kommt Lina mit ihrer eigenen Portion Hühnerfleisch. „Die Reste der anderen zu essen, ist aus der Mode gekommen", sagt sie trocken. Dann, mit weicher Stimme: „Hier, Ary, für dich."

Ary ist glücklich. Trotzdem richten sich seine Augen fragend auf das gestohlene Stück. Er hat nur wenige Sekunden Zeit zu zögern. Denn Tönnchen findet, daß Linas Bemerkung ihn zum rechtmäßigen Besitzer des Fleisches macht, und verschlingt es im Handumdrehen. Also fällt auch Ary über seines her. Die Trauer wird in ihm erst später wieder erwachen.

Wenn ich könnte, fragte ich Lina: „Und was ißt du jetzt?"

„Und du?" würde sie antworten.

„Mach dir darüber nur keine Sorgen, mir bleibt noch die Soße."

„Wie mir." Sie bräche in Lachen aus und ich mit ihr!

Die Soße schmeckt gut! Sie läßt den Reis gut in den Magen rutschen. Am anderen Ende des Tisches macht sich Mano offen über Tönnchen lustig. Ich höre unauffällig hin.

„Da hast du wohl das große Zittern gekriegt, was?"

„Wer? Ich? Was für ein Zittern? Warum zittern? Und vor wem?"

Mano senkt die Stimme ein wenig: „Du weißt genau, vor wem. Er hat nur an seinem Schnurrbart gezwirbelt, und schon ist dir der Arsch auf Grundeis gegangen."

Sein Schnurrbart!? Das überprüfe ich, indem ich mit den Fingern über meine Oberlippe streiche. Tatsächlich, ich spüre schon einen leichten Flaum. Ich versuche – stell dir vor! –, mich im Eßlöffel zu betrachten, den ich vorher sauber abgeleckt habe. Heute abend werde ich Papas Spiegel nehmen, den er immer im Schrank verschließt, und wenn ich mich getraue, entwende ich ihm für eine Minute sein altes Rasiermesser.

Nachtisch! Wieder einmal Nachtisch! Ganz hervorragenden Nachtisch! Kuchen und Pasteten, bitte sehr: Windbeutel, Sahnehörnchen und Fleischpasteten! Tönnchen will sich darauf stürzen, doch ich breche seinen Elan: „Langsam, mein Freund! Dein Anteil ist schon vergeben!"

Und ich halte Ary die Pastete hin, die Tönnchen sich gerade nehmen wollte. Mein gefräßiger Dieb zieht langsam die Hand zurück. Sein Mund klappt zu, sein Gesicht wird finster. Ary hingegen strahlt vor Freude. Er nimmt sein Teilchen und schlingt es, ohne einmal Atem zu holen, hinunter. Andere Hände strecken sich vor, die Kuchen verschwinden. Es bleibt nur noch mein Anteil übrig, ein hübsches Chemin de fer* mit rotem Zucker rundherum. Ich lasse es dort auf der Kuchenplatte, unmittelbar vor dem aufgerissenen Mund von Tönnchen, der schon gierig danach lechzt. Ich denke laut: „Sabbere und geifere, mein kleines Schweinchen! Und verfluche den verdammten Soubaya, wie du nur kannst!"

Ich sehe sehr wohl, daß sich Tränen in Tönnchens Augen sammeln. Ich rühre mich nicht, und erst in dem Moment, da die Dämme zu brechen drohen, sage ich: „Los, hau rein!"

Er stürzt sich auf den Kuchen. Fast verspüre ich ein Bedauern, denn dieses Chemin de fer sieht wirklich verlockend aus. Ach, ich werde schon nicht daran sterben!

„Soubaya, du bist wirklich eine zu mitleidige Seele!" sage ich zu mir. Na hör mal! Mitleidige Seele? Wenn man dir die vermeintlich so mitlei-

* eine Art Biskuitrolle

dige Seele abspräche, was bliebe dann von dir übrig? Gib doch zu, daß es dir ein diebisches Vergnügen bereitet, der Ziege zu zeigen, wer die Leine in der Hand hält. Und dieses Vergnügen war nicht sehr teuer bezahlt. Geh, du bist ein Schuft!

DIENSTAG, 30. OKTOBER

Der Lärm der Messer und Gabeln hindert niemanden am Reden – mit vollem Mund. Das wichtigste Thema ist heute das Essen, hauptsächlich die Frage nach dem Warum. Ich fasse zusammen:

Anfall-Gilbert: Dank sei Gilbert! Tausend Dank sei Gilberts Mama! Ihnen beiden ist es zu verdanken, daß wir wieder richtig zu essen bekommen und daß es Nachtisch gibt.

Raymond: Danke! Und warum? Habe ich euch doch schon gesagt: weil die Wahlen bevorstehen. Deswegen und nur deswegen bekommen wir anständiges Essen und Nachtisch und alles. Ein schlauer Bursche, der Bürgermeister! Ihr werdet sehen, er gewinnt bestimmt wieder.

Mano: (unverständliches Gebrummel)

Das sind die Kindereien der anderen. Meine Gedanken sind bei Lina, mit Lina und für Lina. Im übrigen: zum ersten Mal Schlabber im Bettuch.

Heute – warum heute mehr als sonst? – ziehen mich ihre roten Haare magisch an. Oh, du Hüterin der Vulkane! Deine Haare sind Gefilde des Feuers, der glutrot speiende Vulkan, deine brennenden Locken bergen die Glut der Lavaströme. Meine Finger will ich mir daran versengen, mir das Herz darin verbrennen. Deine Locken sind wie die Morgenröte, wie blühende Zuckerrohrfelder im Abendrot. Darin wälzen will ich mich, mich darin baden und darin verbergen.

MITTWOCH, 31. OKTOBER

Lina in meinen Augen, Lina in meinem Kopf, Lina in meinem Herzen, Lina in meinem Innersten. Lina ... Aber morgen fangen die Ferien an. Für mich, für den diese Schule ein Gefängnis ist, ein Knast, der Poulo-Condor, das Zuchthaus auf der fernen Insel, von dem die Veteranen aus Indochina erzählen, für mich, der ich die ganze Zeit heimlich lese, um daraus zu entfliehen, für mich also ist der Gedanke an diese wenigen Tage Urlaub eine wahre Folter. Vier Tage Ferien! Als ob die freien Donnerstage und Sonntage nicht schon genug wären! Vier Tage ohne Lina! Vier Tage, die, daran gibt es nicht den geringsten Zweifel, endlos werden wie Tage ohne Reis.

Schon wenn Schule ist, kannst du sie nur während des Essens sehen, diese armselige halbe Stunde lang. Morgens – egal, wie früh du auch immer aufstehst – kannst du das Waschen unmöglich ausfallen lassen. Dann mußt du deinen Reis essen. Papa ist da, er überwacht dich und gebietet Einhalt, wenn du ihn hastig hinunterschlingen oder stehenlassen willst. Du mußt die Ziege melken. Du mußt die Milch zu der alten Schachtel bringen, die sich damit am Leben hält.

Ach, die und ihr blöder Hund, der dauernd kläfft, ohne daß je einer käme! Und schon bist du viel zu spät. Renne, wenn du willst, fliege von mir aus! Die Mädchenschule hat schon vor Stunden angefangen, und der Umweg, den du trotzdem gemacht hast, war völlig vergebens. Deine Lina siehst du nicht.

Abends werden uns Jungen ich weiß nicht wie viele Zusatzstunden aufgebrummt oder die Mädchen – bestimmt jenen Lehrerinnen zuliebe, die in der Stadt wohnen – ich weiß nicht wie viele Minuten eher entlassen. Auf jeden Fall, wenn man uns endlich gehen läßt, sind die Mädchen schon längst fort. Lina auch, obwohl sie immer auf Ary wartet, denn die Gefängniswärterin, die jetzt die Lernschwachen unterrichtet, dieses widerliche Weibstück ist froh, wenn sie sich ihrer ‚kleinen Trottel', wie sie sie zu nennen pflegt, so früh wie möglich entledigen kann. Unmittelbar bevor es halb vier schlägt, weckt sie Ary, indem sie ihm einen großen Becher Wasser über den großen Kopf gießt. Noch bevor die anderen ausgelacht haben, steht der liebe Kleine schon vor dem Eingang der Schule und wartet, pudelnaß, auf Lina.

Daher ist die Schulkantine meine Rettungsboje, mein Kampferöl und Sauerstoff! Auch wenn ich meine Liebste dort nur sehen kann. Ja, ich sagte ‚meine Liebste'. Wie soll ich sie denn sonst nennen? Wer wäre liebenswerter als meine Liebste, schöner als meine Schönste, anbetungswürdiger als meine Angebetete! Auch wenn ich also meine Liebste dort nur aus zehn Metern Entfernung sehen kann, zwischen Arys dickem, dreiviertel der Sicht versperrendem Kopf und dem traurigen, blassen Gesicht von Anfall-Gilbert.

Zu Beginn wagte ich aus Angst, die anderen könnten mich auslachen, nicht, sie anzuschauen. Auch jetzt tue ich das nicht in dem Maße, wie ich möchte, aber doch vier- oder fünfmal während einer Mahlzeit. Es kümmert mich wenig, daß die anderen mich auslachen, wenn ich ihnen den Rücken zuwende – warum sollten sie sich dieses Vergnügens berauben? Hauptsache, sie besitzen nicht die Frechheit, mir auch nur die kleinste Anspielung offen ins Gesicht zu sagen.

Es kommt vor, daß meine Lina und ich gleichzeitig den Kopf heben und unsere Blicke sich treffen. Dann gefriert mein Fleisch, siedet mein Blut, meine Augen vernebeln sich, und mein Mund lacht. Diese Sonderrationen Lina nenne ich meine ‚Zugaben'. Sie sind so wunderschön, daß ich sie wieder und wieder zähle. Pro Tag gewährt mir Lina oft drei, manchmal zwei, selten nur eine. Und selbst wenn ich nur eine einzige Zugabe erhalte, das Lächeln, mit dem sie mich anlächelt, während unsere Blicke sich zärtlich berühren, es entzückt und entrückt mich für dieses und alle zukünftigen Leben.

MONTAG, 5. NOVEMBER

Riesige Freude, Lina wiederzusehen. Und fünf wundervolle Zugaben, die mich in die schönsten Träume versinken lassen.

MITTWOCH, 7. NOVEMBER

Seit der Ohrfeige, die ihre Vorgesetzten oder der Bürgermeister – wer will das wissen? – ihr versetzt haben, macht die Direktorin nur noch höchst ungern den Umweg durch den Speisesaal. Sie murmelt so etwas wie eine Antwort auf Yvonnes ‚Guten Tag', sagt nichts weiter, wirft einen verächtlichen Blick auf uns und verschwindet wieder.

Aber was ist heute in sie gefahren? Sie hält sich auf, geht zwischen den Tischen umher und bleibt hier und dort stehen. Sie sticht mit der Gabel in ein kleines Stück Würstchenrougail, öffnet weit, sehr weit den Mund, spitzt, um den Lippenstift nicht zu besudeln, die Lippen, so gut sie kann, und schiebt sich das Stück Wurst vorsichtig, wie mit der Pinzette, zwischen die Zähne. Ohne eine Miene zu verziehen, fängt sie an, langsam zu kauen. Yvonne kommt mit ihren großen Brüsten, ihrem Riesenarsch und ihren unglaublich schlechten Manieren angestampft: „Schmeckt gut, Madame, nicht?"

Die zur Debatte stehende Madame, die in Wirklichkeit eine Mademoiselle ist, schluckt und verzieht das Gesicht: „Wie so ein Elends-Curry eben schmecken kann!"

Also wirklich! In welchen Mengen muß sich das Geld in ihren Taschen vermehren, daß sie ein so gutes Essen schlecht macht!

Da wir gerade von der Direktorin sprechen – heute nacht träumte ich, man würde sie erneut auswechseln. Die neue Neue wollte unbedingt, daß Mädchen und Jungen nicht nur zusammen im selben Speisesaal, sondern auch gemeinsam essen, zumindest an denselben Tischen. Die Verlegenheit der anderen war lustig mitanzusehen. Die Mädchen setzten sich mit den halben Hinterbacken auf das äußerste Ende der Bank, die Jungen wurden rot wie Kardinalvögel, ähnelten jedoch in ihrer Haltung, mit angelegten Flügeln und eingezogenem Kopf, eher kleinen kranken Küken.

Inmitten all dessen, eine ruhige, glückliche, gar nicht freche Lina. Eine Lina, die Ary an die Seite drückt, sich mir gegenübersetzt, meine Hände nimmt und mir lange, lange tief in die Augen sieht ...

Welche Farbe haben eigentlich Linas Augen? Verzeih mir, Lina, wenn ich das nicht weiß. Auch die Farbe meiner Augen kannte ich bis vor kurzem nicht ...

Man sagt immer, Rothaarige hätten blaue Augen. Wenn Linas Augen blau sind, dann sind sie blau wie der Bassin Bleu* – abgrundtief blau und kühlend klar. Doch vielleicht sind sie grün? Grün wie grüner Honig, grün wie das ‚Wasser ohne Frösche' aus Großmutters Geschichten? Ein zartes Grün wie ein junger Sproß. Schwarze Augen? Wenn sie nun schwarz wie Longanenkerne wären, schwarz wie – das weiß ich inzwischen – meine eigenen Augen?

Weshalb nicht braun? Nein, ihre Augen sind nicht braun. Braune Augen wären nichts Besonderes ...

* See, der in der Regenzeit aus dem Fluß Rivière des Marsouns im östlichen Hochland entsteht

FREITAG, 9. NOVEMBER

Sie sind braun. Linas Augen sind braun! Aber hellbraun wie Pistazienkerne! Ein seltenes Braun, ein schönes Braun, ein wundervolles Braun!

Sie war gekommen, um sich, sozusagen, an Arys Kopf zu lehnen. Als sie ihre Augen auf mich richtete, versuchte ich, sie bis auf den Grund zu erforschen: Sie sind braun mit goldenen Tupfern.

MONTAG, 12. NOVEMBER

Lina ist fröhlich, Lina ist glücklich, Lina lacht wegen der kleinsten Kleinigkeit, denn ein weiterer Arzt hat eine Röntgenaufnahme von Arys Fuß gemacht. Auch er meint, daß eine Operation möglich ist, daß man sie bald machen sollte, daß man sie bald machen wird.

Linas Lachen – womit könnte ich es vergleichen! Mit Maiskörnern, die hüpfenden Perlen gleich vor die Hühner gestreut werden? Mit einem reißenden Sturzbach am Morgen nach dem Platzregen? Dieses Lachen erfüllt mich völlig. Ich habe keinen Hunger mehr.

DIENSTAG, 13. NOVEMBER

Statt Dosensardinen gibt es heute ... Langusten!! Die Untiefen der Kerguelen* mögen zwar sozusagen vor unserer Haustür liegen, aber trotzdem!

„Die Wahlen! Die Wahlen!“ jauchzt Raymond ununterbrochen. „Was für ein toller Typ, der Bürgermeister!“

„Ich finde die Wahlen prima“, antwortet Tönnchen, dem der Mund überläuft von diesem wunderbaren Fraß. „Wegen der Wahlen können wir anständig essen.“

Mir ist es gleich, ob das Essen gut ist oder nicht ... Lüg doch nicht, Soubaya! Daß du an Lina denkst, an nichts anderes als Lina, daß du sie unendlich liebst, das hindert dich überhaupt nicht daran, die Langusten zu verspeisen und sie verflucht gut zu finden!

* Inselgruppe im südlichen indischen Ozean

SAMSTAG, 5. DEZEMBER

Die berühmten Langusten! Wie lange haben sie dich ans Bett gefesselt! Ganz allein und ohne Lina auch nur einmal zu sehen! Doch wie und unter welchem Vorwand hätte sie dich besuchen können?

Lina war nicht da, doch du trugst sie immer in dir. Sie spazierte durch deinen Kopf, ging auf und ab, blieb gelegentlich stehen, setzte sich hier, legte sich dort nieder und schlüpfte schließlich, der Enge überdrüssig und indem sie den Wimpernvorhang sacht beiseite schob, durch die Augen hinaus.

Sie tanzt auf deiner Stirn, balanciert mit ausgestreckten Armen über den schmalen Grat deiner Nase. Sie setzt sich auf deine Nasenflügel, und du berauschst dich an ihr. Sie riecht so gut! Nicht nach in verschlossenen Fläschchen eingesperrtem Parfüm, sondern nach den Düften der freien Weite. Ihre Füße verströmen den herben Wohlgeruch des Klees, ihre Beine die Süße von Anis. Ihre Haare duften nach wildem Rosmarin und den Blüten des Orangenbaumes.

Sie kommt zu deinem Mund. Du öffnest ihn, um sie in dich einzulassen. Du stellst dir vor, sie würde – kennst du sie so schlecht? – im Vorbeigehen deine Lippen liebkosen. Statt dessen setzt sie mit einem Sprung hinüber und hüpft auf deinen Zähnen herum. Du schließt den Mund so schnell du kannst, versuchst so viel wie möglich von ihr einzufangen, und wenn es nur ihr Fuß wäre, denn du weißt nun, daß sie dir entfliehen wird, daß sie dir entfliehen muß. Du schluckst nur leeren Wind, denn sie ist bereits weggehüpft, auf deinen Hals, schlängelt sich über deinen Oberkörper und gleitet in den Flaum deiner Achselhöhle. Das kitzelt dich. Und du brichst natürlich in Lachen aus. Du lachst und lachst.

„Du warst zwei Tage im Delirium“, sagt Papa. „Du hast die ganze Zeit gelacht. Du kannst dir nicht vorstellen, wie mich das beunruhigt hat!“

„Wäre es dir etwa lieber gewesen, ich hätte geweint?“

„Ehrlich gesagt, ja. Ich dachte, mein Sohn sei verrückt geworden. Noch quälender war …“

„Was denn?“

„Weißt du, dein Großvater, der vor nichts Respekt hatte, erzählte auf dem Sterbebett eine seiner blöden Geschichten, eine erfundene vom heiligen Josef – dem heiligen Josef der Katholiken –, wie er am Heiligen Abend im Hüfttuch herumspazierte. Er fängt wie verrückt an zu lachen, und, paff!, zerbricht er seinen Reislöffel. Macht sich auf die Reise ins Reich der Erdwürmer! Verstehst du nun, daß ich über dein Lachen alles andere als glücklich war?"

Zum ersten Mal spricht Papa mit mir über den Tod. Und wirklich seltsam, mir so vom Tode seines Vaters zu erzählen! Aber kann man sich etwas Besseres wünschen, als daß man lachend stirbt?

Wenn das Fieber fällt, ergreift die Krankheit deinen Magen. Dann wieder Fieber. Und dann irgend etwas anderes. Jetzt bist du genesen, aber noch schwach. Selbst wenn du morgens einigermaßen auf den Beinen stehst, abends kann man dich wie ein Armvoll geschnittenes Zuckerrohr vom Boden auflesen. Aber du mußtest ja unbedingt heute zur Schule gehen. Du konntest es nicht länger ertragen, sie zu entbehren.

Sie ist mager, meine Lina, wie ich. Mager wie eine wilde Katze, mager wie eine in die Freiheit geflüchtete Sklavin. Trotzdem liegen mir alle unaufhörlich in den Ohren, daß ich als einziger krank geworden sei, daß die Langusten gar nichts dazu könnten, daß ich den Grund meiner gesundheitlichen Unannehmlichkeiten in meinem eigenen Magen suchen soll.

Doch was ist mit Lina? Glücklicherweise hindert sie ihre Magerkeit nicht zu lächeln, mich anzulächeln. Sie macht sogar Scherze. Sie tut so, als wischte sie sich die Lippen mit einem Stück Brot ab. Sie lacht glücklich, und ich bin es auch.

Als sie von ihrer Bank aufsteht, um zurück zur Mädchenschule zu gehen, finde ich des Rätsels Lösung. Der Saum des alten Musselinkleides geht ihr gerade noch bis zum Knie. Die Zeit meiner Krankheit hat sie genutzt, um wie nach einem Regensturm in die Höhe zu schießen. Ich bin sicher, ihre Brüste ... Soubaya! Du denkst wirklich nur an Schweinkram!

MONTAG, 7. DEZEMBER

Bevor sie sich zum Essen setzt, bringt Lina ihrem Bruder ein kleines Paket. Sie spricht ihm ins Ohr. Obgleich sie ihn im Weggehen um Stillschweigen anfleht („zu niemandem ein Wort, hörst du!"), ist nicht schwer zu erraten, was sie sagt. Kaum ist sie gegangen, reißt Ary die Verpackung aus Zeitungspapier auf und hält mir vier dicke, schön saure Tamarinden-Schoten hin, genau wie ich sie gern mag. Wo hat sie nur hier im Hochland Tamarinden aufgetrieben? Und woher weiß sie, daß nichts uns Tamilen mehr Freude bereiten kann? Daß wir ohne diese Frucht, die für andere nur ein kleiner Appetithappen ist, fast nicht leben können?

Papa erzählt oft die Geschichte vom Urgroßvater, der Indien verließ, um auf den Zuckerrohrfeldern Réunions zu arbeiten. Eben in dem Moment, als das Schiff vor Anker ging – die Überfahrt hatte einen ganzen Monat gedauert! –, ging Großvater auf die Barrikaden: „Kapitän, wir kehren um! Wir hauen ab! Wir fahren zurück!"

„Abhauen!? Zurückfahren!?"

„Man hat uns hereingelegt! Erst jetzt erfahre ich, daß in diesem verfluchten Land nicht eine einzige Tamarinde wächst!"

Seither haben wir Malabar hier Tamarinden angepflanzt. Zum Glück, denn es gibt nichts Besseres, um einen von Krankheit zermürbten Mund wieder in Form zu bringen. Das ist es bestimmt, woran Lina gedacht hat.

DIENSTAG, 8. DEZEMBER

Heute gibt es zwei Gründe, sich zu wundern.

Der erste: Lychees zum Nachtisch! Schöne rote, gut gezuckerte Lychees, die einen Lockruf an Silberkäfer und Honigfliegen ausströmen. Lychees! Wer hätte sich das vorstellen können!

Der zweite: Ary. Angesichts eines solchen Nachtisches hatte ich fest damit gerechnet, daß er so darüber herfällt, daß ich ständig gezwungen wäre, ihn zu bremsen: „Iß nicht so schnell! Keiner wird es wagen, deine Portion anzurühren. Paß auf, Lina schaut herüber ..."

Kurz, die ewige Predigt, bei der ich mich alles andere als wohl fühle und die ich verabscheue. Statt dessen nimmt Ary ehrfurchtsvoll eine seiner Lychees, und mit dem Fingernagel, vorsichtig, um das dünne Häutchen um das Fruchtfleisch nicht zu verletzen, entfernt er die runzelige rote Schale. Er macht daraus ein kleines Ei, von makellosem Weiß, das an der Luft schnell bräunlich wird.

„Sieh, Baya! Sieh! Ich hab's geschafft! Ich hab's geschafft!"

Er bricht in Lachen aus. Noch eine Lychee, noch ein Ei, und wieder lacht er vor Freude. Langsam, geduldig und sorgfältig bastelt er ein Nest winziger japanischer Hühnereier, die sich schnell in Wachteleier aus China verwandeln. Selbst Gilbert hat schon alles aufgegessen, und lange schon läßt Tönnchen den Kreisel brummen, den er aus dem Kern seiner letzten Lychee gemacht hat, als Ary, als ob es ihm leid täte, seine erste probiert. Ein verrückter Kerl, dieser Ary!

Lina geht neben uns vorbei und läßt in der rechten Hand zwei Zwillingslychees hüpfen. Ich bin sicher, daß, wenn es ihr möglich wäre, sie ausspräche, was ihre Augen mir bereits sagen: „Spielen wir Philippine*?"

Das Herz würde mir zur Brust herausspringen: „Und wann?"

„Am Tag, an dem im März die Schule wieder beginnt."

„So lange hin!"

„Hast du Angst, daß du es vergißt?"

„Wer? Ich? Ich vergessen?!"

Wir würden die beiden Lychees voneinander trennen, und jeder nähme seine. Und da wir

* Spiel, wobei zwei Personen sich zwei Zwillingsmandeln teilen und die erste, die nach einer vereinbarten Zeit ‚Bonjour Philippine' sagt, gewonnen hat

nicht anders können, würden auch wir uns trennen ... Ich dächte nicht daran, nach dem Einsatz in diesem Philippine-Spiel zu fragen. Sie übrigens auch nicht! Wer verliert, gibt dem anderen, was immer er will.

Wenn ich verlöre, was würde ich Lina schenken? Ich habe nicht einen Franc, nicht einmal ein Viersousstück. Ach, ich werde schon etwas finden, das ich ihr schenken kann. Hier, ein Veilchen, das ich zwischen den Seiten eines dicken Buches trocknen und dann oben auf ein sauberes Blatt Papier kleben werde. Darauf schreibe ich ... schreibe ich ...

Mit deiner schrecklichen Handschrift wirst du überhaupt nichts schreiben. Der Duft des Veilchens wird ihr deine Gefühle besser übermitteln als du, du alter Sack!

MITTWOCH, 9. DEZEMBER

Ich habe es gewagt, Lina zu streicheln, und Lina hat mich gestreichelt. Dennoch bleibt mir nur ein bitterer Geschmack auf der Zunge.

Wir saßen jeder auf unserem Platz. Lina hielt sich das Ohrläppchen, wie sie es oft tut. Ich nutze ihren ersten Blick, um mir auch ans Ohr zu fassen, genauer gesagt, ich streife es leicht. Mein Ohr ist ihres, und natürlich ist es Lina, die ich streichele. Lina mißversteht das nicht und errötet vor Freude. Sogleich schenkt sie mir diese Freude um das Hundertfache vermehrt und auf dieselbe Weise zurück. Sie führt die Finger an ihr Gesicht, meine Hand folgt ihrer Geste, und sie ist es, die nun meine Wangen, meine Stirn, meinen Hals mit Freude erfüllt. Das ist schön, so schön, daß ich die Augen schließe!

Nun bin ich wieder an der Reihe, sie zu liebkosen. Wenn ich mich traute, ich würde ihre Brüste berühren … Dann mach doch! Na los! Nein, das kannst du nicht, das wagst du nicht. Doch allein der Gedanke setzt dein Gesicht in Flammen, und das Blut steigt in dir hoch … Oh, Soubaya! Wenn nicht die Brüste, dann die Arme, die Schultern! Ich fahre mit meiner Hand hinab und blicke Lina an. Doch sie – warum, mein Gott!, warum? – senkt ihren Blick in ihr Essen, auf dem sie mit der Gabelspitze herumdrückt. Schließlich hebt sie die Augen wieder, sieht mich an und – wie mich das quält! – tut so, als ob sie sich die Lippen mit einem Stück Brot abtupft. Dann verläßt sie mich endgültig.

FREITAG, 11. DEZEMBER

Lina hat mich gestreichelt! Sie hat mich am Hals gestreichelt! Zehn Sekunden lang, fünf Sekunden, vielleicht vier. Doch sie, sie hat die Initiative ergriffen. Ich jauchze, ich platze vor Freude! Wie kann ich mich nur daran hindern, vor Freude loszubrüllen?

SAMSTAG, 12. DEZEMBER

Lina liebt mich! Wie konnte ich je daran zweifeln? Sie liebt mich! Alles sagt mir das, alles schreit es mir zu. Seit gestern habe ich Stunden damit verbracht, alle Bilder von ihr in meinem Kopf hin und her zu drehen und zu wenden: Sie liebt mich, sie liebt mich, sie liebt mich!

Diese Gewißheit erfüllt mich mit Freude, doch als ich Tönnchen mit dem Kreisel spielen sehe, den er in seiner Hosentasche wiedergefunden hat, überschwemmt mich Traurigkeit. Es ist erst drei Tage her, daß die Lychees mich glücklich machten, vor allem wegen des Philippine-Traums. Doch nun rauben sie mir meine Seelenruhe. Lychees, das heißt Ferien, und Ferien, das heißt keine Lina! Zwei lange Monate in der Hölle, denn ich werde sie nicht sehen, nicht hören, nicht berühren, wie ich sie jetzt berühre – in meiner Vorstellung, doch so wirklich, daß schon der Gedanke daran mich zittern läßt.

Zwei Monate, denn selbstverständlich werden sie mich zwingen, die Ferien bei Großmutter zu verbringen, ich weiß nicht, wie viele Kilometer und Stunden, wieviel Geld und wie viele Hinderungsgründe von hier entfernt. Ich liebe Großmutter über alles, und dennoch ist der Gedanke, sie zu besuchen, mir bitter und gallig. Könnte ich mich doch verbergen, mich irgendwo in die Erde eingraben, vielleicht wie ein Tanrec in seinen Bau und warum nicht zwischen den Wurzeln der Rosenstöcke in Linas Garten?

Das sind nur Hirngespinste. Sie tun dir eher weh, als daß sie dir gut täten. Dermaßen weh! Sie machen dich todtraurig. Auch Lina wird in Traurigkeit versinken. Da kommt gerade die Mädchenschule reihenweise herein, und da kommt Lina – aber sie lacht wie eine Verrückte! Und auch noch mit Adele, ausgerechnet! Sie bringt es fertig, zu lachen und gemeinsame Sache mit Adele Schick-Schick zu machen!

Lina lacht. Ihr Lachen ist ein Bambussplitter in meinem Fleisch, ein Wespenstachel in meinem Herzen und vergiftete Brühe in meinem Blut. Wo ich auf nichts anderes wartete als auf ihren Blick, da geht sie an mir vorbei, ohne auch nur den Kopf mir zuzuwenden. Und wenn die beiden sich auch noch über dich lustig machten?

Und ich war bereit, alles für sie aufzugeben, allem die Stirn zu bieten, mich allem zu widersetzen, selbst Großmutters so oft wiederholtem ausdrücklichen Gebot: „Wenn du mir eines Tages eine heimbringst, dann will ich keine Blauäugige im Haus.“

Beruhige dich, Großmutter, du wirst keine ‚Blauäugige' bekommen, wie du alle Frauen nennst, die nicht aus unserem Volk sind. Und schon gar nicht die Hüterin des Vulkans mit ihren von der Lava versengten Haaren.

„Gackgackgack", lacht dieses kleine rote Huhn schon wieder, bestimmt weil es sein fein gemahlenes Maisfutter erblickt!

Lach doch! Lach doch noch mehr! Ich habe ein breites Kreuz und den Bauch randvoll, obwohl ich nichts gegessen habe! Und dann Scheiße! Ich verpiß mich!

Ich erhebe mich so brüsk, daß ich fast den Tisch umgeworfen hätte. Ich ergreife die Flucht, wobei ich die Schüssel umwerfe, die Mano in der Hand hält, und Gilbert über den Haufen renne. Genau in dem Augenblick, als ich durch die Tür laufe, tritt die Direktorin ein: „He, Sie! Sagen Sie mal! Wohin wollen Sie denn hin?"

Die blöde Schlampe! Die soll mich doch am Arsch lecken!

Draußen! Ich bin draußen! Endlich draußen!

MONTAG, 14. DEZEMBER

Verfluchte Schule! Verfluchte Kantine! Trotzdem bin ich wieder hier. Und wofür? Um mich von drei Vielfraßen mit Essen bekleckern, von einem todtraurigen Anfall ankotzen und von einem Berufsklatschmaul mit Klatsch und Tratsch anöden zu lassen. Und dann die, die gleich hereinkommen wird, gackernd wie eine ... wie eine ... Ach, mit der soll mir bloß keiner kommen! Und sie soll bloß aufhören, mir auf den Geist zu gehen!

Ary hat sich einen Berg Reis auf den Teller geschaufelt, ebensolche Mengen, wenn nicht noch mehr Fleisch und genügend Soße, um alles darin zu ersäufen. Meine Portion befindet sich komplett auf seinem Teller. Ich hätte das Recht, böse mit ihm zu sein. Aus welchem Grund sollte ich den Bruder Klumpfuß von einer mästen, die unter dem Moskitonetz in der Sonne gelegen hat?

Doch wie könnte ich auf Ary wütend sein? Wenn er seiner Schwester wenigstens ähnlich sähe! Doch abgesehen von den Sommersprossen in seinem Gesicht erinnert nichts an Lina, schon gar nicht sein Kopf, der viel zu schwer für den gebrechlichen Hals ist, auch nicht sein komischer Fuß und noch weniger sein bißchen Intelligenz.

Ich habe also keine Wut, nicht einmal Mitleid – ich beneide ihn! Ich möchte Ary sein – mit der Gabel voll in mein Essen langen, zufriedenen Magens und reinen Herzens. Ich denke: „Los, iß, Ary! Iß! Ich hoffe für dich, daß du niemals das Pech hast, von den Mädchen eingefangen zu werden!"

Sie kommen herein. Ich senke den Kopf und betrachte meinen Teller, der leer ist wie mein Herz.

„Baya! He, Baya!" Ary ruft mich. Was für ein Ruf! Ein in Scham und Geheimnis erstickendes Gemurmel! Es muß wichtig sein, denn zum ersten Mal hat er sogar seinen Bissen hinuntergeschluckt, bevor er mich anspricht. Ich spüre, wie er mir unter dem Tisch etwas hinreicht: „Ich hab gestern vergessen, dir das zu geben."

‚Das' ist ein ganz kleiner Umschlag aus einer Heftseite.

Briefe! Sie schickt mir Briefe! Oh, Lina! Und was sehe ich über dem Rand, der bestimmt mit Klebe aus zerdrückten Reiskörnern verschlossen ist?

M.T.K.V.

Woher kennt sie das berühmte ‚Mit tausend Küssen verschlossen' der Verliebten? Verzeih mir, Lina! Verzeih mir! Oh, wie ich dich liebe!

Meinen Brief verberge ich so schnell wie möglich. Aber, ihr Götter des Himmels und der Erde, macht, daß die Zeit schneller dahinfliegt, daß ich mich hinter den Mangobaum am Ende des Schulhofs setzen und endlich diesen Brief öffnen kann!

DIENSTAG, 15. DEZEMBER

Linas ‚Brief' ist mir Freude und Qual zugleich. In dem Umschlag war ein getrocknetes Veilchen, das mich ihrer Liebe versichern soll – sie hatte dieselbe Idee wie ich. Zu schnell hatte ich aber das M.T.K.V. gelesen, dessen K nachträglich in ein R verändert worden war. Darunter steht in winzigen, fast unlesbaren Buchstaben:

Mit tausend Reiskörnern verschlossen.

Wenn sie mich nicht liebt, weshalb dann das Veilchen? Wenn sie mich liebt, weshalb dann der beißende Spott auf dem Umschlag?

MITTWOCH, 16. DEZEMBER

Sie macht sich über mich lustig, das ist sicher. Doch ich bin kein Stück Vieh, das man am Nasenring auf die Weide führt. Ich werde sie vergessen und Schluß. Es gibt sie nicht, es hat sie nie gegeben.

Was mit dem Essen geschieht, ist um vieles interessanter. Zum Beispiel diese verschwenderische Vermehrung des Essens! Heute gibt es zweimal Curryfleisch statt einmal und Reis in rauhen Mengen. Arys, Tönnchens, Manos und Adeles Mäuler sind nicht groß genug, um alles zu vertilgen – es ist zuviel, viel zuviel. Von den Tonnen übriggebliebenen Essens biegen sich die Teller. Die fette Yvonne grunzt vor Freude. Unauffällig mache ich Mano darauf aufmerksam, der mir erwidert: „Du vergißt, daß der Bürgermeister mit seinen Wahlversammlungen in ihrem Bett angefangen hat! Der hat seinen Spaß, das alte Schwein!"

Ary schlingt mit weit aufgerissenem Mund. Noch mehr, noch mehr und noch mehr! Ich versuche – weshalb nur? –, ihn zu beruhigen, ihn vor allem dazu zu bewegen, ein wenig gemächlicher zu essen. Nichts zu machen. Zum Glück geht die Fresserei schließlich über seine Kraft. Ary kann nicht mehr – er ist voll bis zum Erbrechen.

Leider bricht er tatsächlich, nämlich schluchzend in Tränen aus. Er weint wie ein Wasserfall. Lina stürzt, fliegt, kommt herbei, versucht, ihn zu trösten, ihn zu beruhigen und zu verstehen: „Rary, mein lieber Rary, was ist mit dir?"

„Hab kein Hunger mehr!"

„Ja und, lieber Rary?"

„Da ist noch so viel leckeres Essen …"

Die anderen kichern, und Lina ist unglücklich! Ich habe Tränen in den Augen …

FREITAG, 18. DEZEMBER

Raymond kommt auf den gestrigen Vorfall zu sprechen und will gerade beginnen, sich über Ary lustig zu machen, als Gilbert ihn glücklicherweise warnt: „Du Blödmann, Baya hört dich!"

Raymond bleiben die Worte im Halse stecken, was Tönnchen Gelegenheit gibt, sich als Held der Nahrungsmittelvernichtung in Szene zu setzen: „Sieben Riesenteller hab ich gegessen. Sieben! Und hatte noch Platz im Magen. Alles hätte ich aufgegessen, alles und noch mehr als alles, wenn Dicker Tabak, dieses Miststück, mich nicht weggejagt hätte!"

Und er brüllt herum: „Mein Magen ist der größte! Mein Magen ist der größte!"

Lina ist traurig. Wegen gestern? Wegen des gestrigen Vorfalls? Vielleicht ist sie deswegen böse auf mich? Ich habe doch alles getan, um ihren Bruder zu beruhigen. Es ist ja schließlich nicht meine Schuld, wenn Ary, weil er abends zu Hause nichts Richtiges zu essen bekommt, in der Schule einen Heißhunger hat, der ihm das Hirn zersetzt.

Sie hebt den Blick in meine Richtung. Ganz gegen meinen Willen wische ich mir lebhaft über die Lippen – unser Zeichen aus früheren Zeiten. Vor dem Leid, das sie mir angetan hat. Wie wird sie reagieren? Das Herz schlägt mir bis zum Hals. Aber oh mein Gott, Lina lächelt mir zu. Es ist ein trauriges Lächeln, wobei sie meine Aufmerksamkeit mit einer kleinen Kopfbewegung auf die Tafel lenkt:

Hoch leben die Ferien!
Nieder mit dem Gefängnis!
Ab ins Feuer mit den Heften!
Und die Lehrerin gleich hinterher!

Deswegen also! Nur deswegen! Mein Herz hüpft vor übergroßer Freude, aber nur, um sich sogleich wieder zu verkrampfen. Meine Augen werden feucht. Die Großen Ferien – diese unermeßlich lange Zeit, in der wir uns nicht sehen, diese unendlich vielen Tage, an denen wir für einander wie gestorben sein werden. Eine solche Ungerechtigkeit kann Gott nicht zulassen! Wenn es Gott gibt. Ich muß mit Lina sprechen. Ich muß unbedingt.

IV

FREITAG, 2. MÄRZ

Ich habe feuchte Hände, mein Mund ist ganz trocken, der Kopf steht mir in Flammen, und das Herz schlägt zum Zerbersten: Ich warte auf Lina. Ich denke, das muß so sein, wenn man sich zu einem Rendezvous verabredet. Unser Rendezvous wird aber hier in der Kantine stattfinden, vor aller Augen. Kein Wort wird sie an mich richten, kein Wort werde ich zu ihr sagen. Doch nach zwei Monaten der Trennung wird uns ein einziger Blick süßer sein als anderen ein Kuß. Lina, komm doch endlich! Mach schnell! Beeil dich, Lina!

Lina kommt nicht, ebensowenig wie die anderen Mädchen. Wo treiben sich die Klassen aus der blöden Mädchenschule bloß herum? Wir Jungen sind schon seit Ewigkeiten da – und sie? Es bringt mein Blut zum Sieden, wenn ich daran denke, daß die Lehrerin ihre ‚kleinen Flittchen' vielleicht warten läßt, um sich mitten auf die Straße zu stellen und mit einer alten Klatschbase, dem Curé oder irgendeinem anderen Dorftrottel ein endlos langes Plauderstündchen abzuhalten. Das gefällt ihr wohl auch noch, anderen die Zeit zu stehlen, der alten Vogelscheuche!

Komm doch, Lina, komm! Komm schnell! Komm sofort!

Doch wenn Lina nicht käme? Wenn sie niemals mehr käme? Wenn sie sich während der Ferien an einen anderen gehängt hätte? Wenn sie bei Einbruch der Dämmerung dem lüsternen Grunzen eines Bauernjungen von den Zuckerrohrfeldern nachgegeben und sich mit ihm in diese Gefilde begeben hätte? Denn wie oft ist es hier im Hochland schon vorgekommen, daß die großen Mädchen vom Dezember im Januar junge Frauen waren.

Oh, Lina! Lina! Könntest du mir das angetan haben?

Und wenn ein Unfall ... ein rostiger Nagel ... Wundstarrkrampf ... Nein. Ary ist hier, er hätte es mir gesagt. Er hätte sich nicht diesen Haufen Essen auf den Teller geladen, über den er bereits, den Mund voll ungezügelter Gier, hergefallen ist. Er hätte nicht. Er hätte nicht! Aber nur dann nicht, wenn man die zwei langen Monate außer acht läßt, in denen er sich den Magen Tag für Tag, fortwährend und ausschließlich mit Bananen vollgestopft hat!

Ary frißt wie nie zuvor, und ich hätte Lust, mich bei ihm zu erkundigen, ihm Fragen zu stellen, Bescheid zu wissen ... In Wahrheit habe ich Schiß davor, Bescheid zu wissen. Ich frage nicht.

Sie hat sich verlaufen, diese blöde Mädchenschule!

Ary mästet sich wie ein ... Die Mädchen kommen! Ich recke meinen Kopf so hoch, wie ich nur eben kann, und halte Ausschau nach Lina ... Lina? Wo ist Lina?! Endlich sehe ich sie! Wenn es nur um mich ginge, ich riefe ihren Namen, ich würde zu ihr stürzen, sie in meine Arme nehmen, sie vor allen Leuten küssen, sie vor aller Augen an mich reißen.

Doch das kannst du nicht tun, du darfst es nicht tun. Wie kannst du nur an so etwas denken! Was würde man von dir halten? Was würde man über sie sagen? Welche Macht zwingt dich trotzdem aufzustehen? Zwingt dich aufzustehen, zieht dich vorwärts, läßt dich einen Schritt, zwei Schritte, drei Schritte auf sie zugehen? Trotz des Nebels, der so dick ist, daß man ihn mit einem Messer schneiden könnte, siehst du sie jetzt vor dir, nur einen Meter von dir entfernt, ebenso starr wie du selbst. Das Herz schlägt dir bis zum Halse, deine Lippen stammeln unhörbare Worte, deine Hände zittern, dir ist kalt, du fühlst dich wohl, du bist glücklich.

Wie lange wart ihr verzaubert? Einige Sekunden? Mehrere Jahrhunderte? Wer wollte das beurteilen? Und was wäre euch noch widerfahren, wenn die Direktorin nicht, sobald sie eingetreten war, händeklatschend Ruhe geboten und nicht Yvonne, zurückweichend, dich umgeworfen hätte?

SAMSTAG, 3. MÄRZ

Etwas Härteres als diese Ferien kann es nicht geben, oh Lina, meine Lina! Ohne dich, fern von dir, ohne die geringste Nachricht von dir! Ich träumte von dir, natürlich, aber ich hatte auch all diese üblen Gedanken, die mir den Verstand raubten!

Zunächst der Groll auf Papa, der, indem er mich zwang, Tage im voraus abzufahren, mich daran hinderte, mit dir zu sprechen, dich zum ersten Mal anzusprechen. Dann der Gedanke an das trockene Stroh, das du mit einem anderen hättest teilen können. Und dann meine erbarmungslose Großmutter, die, obwohl sie sonst so lieb ist, kein Verständnis für mich aufbrachte, als sie alles begriff. Denn sie hat alles begriffen. Wie hätte ich es auch anstellen sollen, im Schlaf nicht laut von dir zu sprechen!

Das werde ich Großmutter noch lange übelnehmen! Ihr vielsagendes Lächeln! Ihre doppelzüngigen Worte! Eines Tages sagte sie sogar: „Soubaya, komm mal ein wenig her. Ich will dir eine Geschichte aus Großvaters Jugendzeit erzählen. Komm! Komm schon! Setz dich dort hin!

Wie du weißt, hat Großvater seine Jugend auf einem Bauernhof oberhalb von Sainte-Rose verbracht. In jener Zeit kannte sein Kopf statt Filz nur geflochtenes Stroh, und seine Füße verkehrten nicht mit Lederschuhen, sondern mit der nackten Erde. Er hatte noch nie eine Stadt gesehen, das Meer dagegen schon oft, oh ja, ... aus der Ferne, wenn er auf Bäume kletterte, um Rotschnäbel-Nester zu plündern."

Großmutter lacht und lacht. Ich tue so, als ob ich lache, und frage mich ängstlich, in welchen Abgrund sie mich zu ziehen beabsichtigt.

„Ein Tölpel, dein Großvater, ein Einfaltspinsel. Aber ein großer Tölpel und ein riesiger Einfaltspinsel! Stark, kräftig und waghalsig! Und dann verliebt er sich. Oh, nicht in mich, nein, in eine dumme kleine Gans! Kurz, er ist so von Sinnen, daß er eine alte Eselin samt Karosse stiehlt. Und damit rast er los, um die notwendigen Heiratsformalitäten zu erledigen – nicht mehr und nicht weniger. Aber, in Sainte-Rose, dem Weiler, den er oben von seinen Bergen her sehen konnte: keine Bürgermeisterei. Also treibt er seine Schindmähre nach Saint-Benoît. Zwanzig Kilometer weiter, aber was ist schon dabei! Er eilt hin.

Völlig zerzaust, eingestaubt, erschöpft, aber glücklich kommt er in Saint-Benoît an. Sucht die Bürgermeisterei, findet sie und den richtigen Beamten, der sogar bereit ist, seine Register wieder und wieder durchzublättern, weil unser Verliebter sein Alter nicht weiß. Im Geburtsregister der Einundzwanzigjährigen nicht die geringste Spur von

Krishna Caroupoullé. Das der Zweiundzwanzigjährigen ist nicht mehr wert als eine Schatzkiste ... ohne Schatz. Genauso das der Zwanzig- und Neunzehnjährigen.

Er war vierzehneinhalb Jahre alt.

Weißt du, was der Beamte getan hat? Er hielt ihm ein Viersousstück hin, eine schöne große Messingmünze mit acht Ecken – bitte schön! – und einem Loch in der Mitte. ‚Geh, mein Guter, geh!' sagte er zu ihm. ‚Geh und kauf dir was zum Spielen. Einen Kreisel zum Beispiel oder ein paar Bonbons, kurz, irgendwas für Kinder in deinem Alter, und belästige mich nicht eher wieder als in sieben oder acht Jahren.'"

Sie bricht in Lachen aus, die alte Schlange, und vulkanische Hitze überzieht meine Wangen. Ich stammle: „Hast du mich gerufen, um mir das zu erzählen, Großmutter?"

„Aus eben diesem Grunde. Um dich ein wenig aufzuheitern. Aber das berührt dich wohl gar nicht, habe ich den Eindruck. Dabei fällt mir ein, ob du nicht vielleicht ein bißchen Geld brauchst? Ich bin nicht reich, aber ein oder zwei Münzen ... Ich habe dir schon lange nichts mehr gegeben."

Oh, Lina! Wenn ich dir sagen könnte, wie wütend ich war! Und ich wäre vor Ärger fast geplatzt, weil ich dazu kein Sterbenswörtchen sagen durfte!

*

Seit gestern zeigt sich meine schöne Lina in einem neuen Kleid – wie das alte aus rosafarbenem Musselin. Sicherlich hat im Freudentaumel der Einkünfte aus dem Zuckerrohr irgendein Verwandter geheiratet, und die Mutter sah sich verpflichtet – glückliche Verpflichtung! –, Stoff zu kaufen und ihrem großen Mädchen ein neues Kleid nähen zu lassen. Die Stimme der Vernunft hat ihre Freude wahrscheinlich nur wenig beeinträchtigt, denn, ob Musselin oder nicht, wenn man davon unten einen Streifen abschneidet, wird das festliche Kleid für den Hochzeitszug dank zwei, drei Schnitten und zwei Stunden Näherei ein durchaus brauchbares Schulkleid. Und der abgeschnittene Streifen reicht auch noch zu einem kurzen Rock für die Kleinste.

Erst mit dem neuen Kleid fällt auf, wie abgenutzt, verschlissen und häßlich das alte war. In welch erbärmlichen Verhältnissen müssen sie leben! Arm wie die Kirchenmäuse sind sie, das ist offensichtlich, und Lina wird ziemlich oft von Hunger geplagt sein. Trotzdem stürzt sie sich nicht darauf, wenn es, wie jetzt, endlich wieder etwas zu essen gibt. Sie nimmt sich Zeit, führt ihre guten Manieren vor, spreizt zwar nicht gerade den kleinen Finger – aber fast. Wenn sie darin den Eltern gleicht, woher kommt dann Arys unmögliches Benehmen?

Der fängt gerade an, mir auf die Nerven zu gehen. Er verschlänge seine eigene Großmutter, würde sie ihm serviert. Ich werfe ihm die gemeinsten Beschimpfungen an den Kopf: vergeblich! Mit meiner Geduld am Ende, sage ich schließlich: „Iß nicht so. Du bringst Lina zum Weinen!"

Er hört auf zu kauen, senkt seine Gabel, dreht sich um und schaut nach seiner Schwester. Da steigen ihm Tränen in die Augen, und aus seinem seitwärts verzogenen Mund fällt Reis heraus.

„Wein doch nicht! Iß, iß! Sei nicht so blöd! Lina sieht dich doch gar nicht!"

Es ist tausendmal besser, wenn er sich vollstopft, als ihn in diesem Zustand sehen zu müssen.

MONTAG, 5. MÄRZ

Als es zu regnen anfängt, sind Lina und die anderen Mädchen immer noch nicht da. Zuerst ein paar dicke vereinzelte Tropfen als Vorhut, dann schließen sich die Reihen, gleich darauf stürzen die Fluten herab. Das Unwetter, das sich seit vorhin in großen schwarzen Wolken zusammengebraut hat, befreit sich nun von allem angesammelten Wasser. Dann der Donner! Wildes Grollen, ein ungeheures Krachen, ein Getöse, daß die Balken zittern, der Putz von der Wand fällt und dem Jackfruchtbaum die Äste brechen.

Trotzdem ist unsere Kantine ein Ort fröhlicher Ausgelassenheit, wie der Magen eines Kindes, in dem sich die Würmer in einer halben Kalebasse lauwarmer, gezuckerter Milch tummeln. Die Gesichter werden zu einem einzigen Lächeln. Gelächter bricht aus, das der Sturm übertönt. Ein Witz nach dem anderen wird gerissen.

„Der Alte", schreit Raymond und zeigt in den Himmel, „der Alte mahlt seinen Mais mit der Steinmühle!"

„Was denn für eine Mühle, was für Mais!" entgegnet Mano. „Er furzt die ganze Zeit, das ist es!" Und er fügt frech hinzu: „Der Gestank wird nicht lange auf sich warten lassen."

Fröhlichkeit also erfüllt die Kantine, doch unter dem Tisch, zusammengekrümmt wie im Bauch seiner Mutter, weint Tönnchen – dieses große Tönnchen weint wie ein zartes Baby.

„So ist er“, sagt Raymond, „seit der Orkan ihr ganzes Haus in die Luft gehoben, ich weiß nicht wie viele Meter fortgeschleudert und erst unmittelbar vor dem Abgrund einer Schlucht wieder abgesetzt hat. Jetzt muß es nur von weitem zu regnen drohen, und er fängt an zu weinen.“

Nun freilich droht der Regen nicht mehr nur, er ist zu einem gewaltigen Angriff übergegangen, und es schüttet nur so vom Himmel. Diese Sintflut wird so bald nicht aufhören. Doch wer jetzt draußen ist, hat sowieso schon keinen trockenen Faden mehr am Leibe. Weder Jutesäcke noch Bananenblätter, noch Regenmäntel können gegen solch einen Regen irgend etwas ausrichten.

Das Wasser rinnt nur so an ihnen herunter, als die Mädchen lauthals lachend hereinlaufen. Lina als erste: mehr in Eile, fröhlicher als die anderen und nicht weniger durchnäßt. Nach einem Lächeln in meine Richtung beugt sie sich vornüber und wringt das Wasser aus ihren roten Haaren. Dann richtet sie sich wieder auf. Der nasse Musselin klebt an ihrem Körper, und alles, was ich immer nur erahnt hatte, kann ich nun mit meinen Blicken liebkosen. Ich hatte mir eine Wespentaille ausgemalt – und eine Wespentaille hat sie, dann aber runde Hinterbacken. Ihre Schenkel sind fest trotz der Ferien mit ihren niemals gefüllten Mägen. Mit einem Ruck wirft sie ihre Haare nach hinten. Ihre Brüste – ohne Büstenhalter natürlich, das Kleid war teuer genug! – stehen aufrecht: zwei spitze, volle Auberginen, bestimmt genauso fest wie die echten, die mich magisch anziehen. Ein schmerzliches Verlangen durchströmt meinen Körper, bis ich es nicht länger ertragen kann.

Ich bin nicht der einzige. Auch Mano und Raymond starren gebannt hin. ‚Raymond, du kleines Schwein!' denke ich, ‚und du auch, Ohne-Eier!'

Glücklicherweise kommt die Direktorin herein. Sie schützt sich unter einem großen blauen Regenschirm vor dem Regen und trägt ein großes Paket mehr oder weniger neuer Zeitungen unter dem Arm. Die Mädchen verbergen sich hinter dem riesigen Regenschirm wie hinter einem Paravent, um sich mittels eines Zeitungsblattes auf der Brust und eines zweiten auf dem Rücken vor dem nassen Stoff ihrer Kleider zu schützen.

Während Lina sich ‚anzieht', versuche ich vergebens, Tönnchen unter dem Tisch hervorzuziehen. Ich habe genug davon, seine Seufzer um die Füße zu spüren. Plötzlich beginnt Raymond zu lachen. Schnell richte ich mich auf. Lacht er über Lina? Gott sei Dank, nein. Raymonds Lachen klingt auch eher fröhlich als schadenfroh. Der

Grund ist eine Zeitungsüberschrift, die durch den regennassen Stoff hindurch auf Adele Schick-Schicks Rücken langsam sichtbar wird:

BÜRGERMEISTER MIT GUTEN AUSSICHTEN, SIE ZU GEWINNEN.

DIENSTAG, 6. MÄRZ

Es regnet immer noch. Trotz des Regens, der Leben und Freude bringt, bin ich traurig. Lina ist nicht da. Ich bin traurig und unruhig.

Ich weiß wohl, daß Lina nur ein einziges Kleid besitzt und daß ihr Musselin in der regenfeuchten Luft seit dem gestrigen Wolkenbruch sicher nicht hat trocknen können. Ich kann mir wohl vorstellen, daß möglicherweise ihre Mutter in die Stadt hinuntergehen mußte und ihr großes Mädchen brauchte, um auf die Kleinen aufzupassen. Ich kann mir sehr wohl viele andere gute Gründe vorstellen, die auch Arys Abwesenheit erklären – trotz alledem schwebe ich in tausend Ängsten.

Und ich hätte ihre Gegenwart so nötig, besonders nach dem Traum der letzten Nacht, der so schön begann und als Alptraum endete.

Lina geht vollständig bekleidet im smaragdgrünen Wasser eines von Lava fast ganz umschlossenen kleinen Sees. Voll gelassener Schönheit bewegt sie sich im Funkeln von Sonnenglanz und Wasserperlen. Wenn es am Ufer die schimmernden Felsen berührt, gerinnt das glitzernde Wasser zu glänzenden Tropfen, die für einen Augenblick träumend auf einem Blatt des Tarobaumes verweilen, bis sie Lina erblicken, auf sie zustürzen und ihre Haare, ihre Schultern und ihren Körper umschmeicheln. Tropfen für Tropfen nimmt das Wasser den Musselin fort, Tupfer für Tupfer entblößt sich ihr nackter Körper. Mit einem langen Blick ruft Lina mich zu ihr. Ihre Augen und ihre Brüste, ihre Beine und ihr Bauch ziehen mich unwiderstehlich zu ihr hin ... zögen mich, wenn da nicht Großmutter wäre, die auf einem niedrigen Stuhl sitzt und ihre Füße im träumerischen Wasser badet. Lina zieht mich magisch an, doch ich kann nicht zu ihr gelangen. Als sie mich so hilflos ans Ufer gefesselt sieht, lacht Großmutter schallend los. Sie lacht, die alte Schlange, besprengt sich die Beine mit den Träumereien des Wassers und reibt sich die Füße mit deren Grund. Sie lacht. Sie hört nicht auf zu lachen. Sie darf nicht so lachen, denn ihr Spott versetzt mir einen Stich und quält mich. Ich nehme meinen Mut zusammen und gehe ins Wasser.

Da erhebt sich Großmutter. Sie sagt mir beleidigende und drohende Worte. Das kümmert mich nicht, ich gehe weiter. Großmutter beginnt, mir alles hinterherzuwerfen, was ihr in die Hand gerät: die Grenzen der Wasserträume, morsche Zweige und Schlamm. Die gesamte Familie macht mit, auch Papa. Ohne mich umzuwenden, schreite ich vorwärts. Ich erreiche Lina. In stürmischer Ungeduld, uns zu lieben, fallen wir eng umschlungen rückwärts ins Wasser. Wir küssen uns lange, so lange, bis wir keine Luft mehr bekommen und die Köpfe aus dem Wasser strecken müssen. Nun werfen sie mit Steinen nach uns. Um uns zu schützen, schmiegen wir uns an den Grund des Sees. Die Würfe zielen immer genauer. Plötzlich blutet Lina. Sie blutet sehr stark. Sie schwimmt in ihrem Blut. Ich nehme sie in meine Arme und trage sie zum Ufer. Keine Steine mehr. Papa fallen die Arme herunter. Großmutter wird fast wahnsinnig angesichts ihrer wahnsinnigen Tat. Sie tupft das Blut von Linas Stirn und küßt ihr die Hände ...

MITTWOCH, 7. MÄRZ

Lina ist zurückgekommen, Lina ist wieder da. Sie strahlt. Auch Ary ist glücklich. Mit vollem Mund erklärt er mir die Ursache seines Glücks und ihrer beider Abwesenheit gestern.

„Der Doktor hat gesagt, daß sie mir morgen ein neues Bein machen!"

Ich habe Gelegenheit, ihre Freude zu teilen.

„Seht mal", sagt wenig später Raymond.

Wir sehen hin. Mitten auf der Tafel steht:

STAATSBÜRGERKUNDE

Darunter ein einziger Satz:

DER BÜRGERMEISTER KÜMMERT SICH UM DIE BELANGE DER GEMEINDE.

„Habt ihr verstanden?" fragt Raymond.

„Was verstanden?" fragt Tönnchen.

„Die Wahlen!"

„Wahlpropaganda für Maisonneuve", knirscht Mano verächtlich mit den Zähnen.

FREITAG, 9. MÄRZ

Ary hat nur noch einen Gedanken: Die Operation wird erst Ende des Monats vorgenommen werden. Gestern haben sie Röntgenaufnahmen von seinem Bein gemacht, haben es wieder und wieder hinter das Röntgengerät gehalten. Sie haben sogar mit dem Kugelschreiber Striche darauf gezeichnet, so große schwarze Striche, daß man sie selbst unter dem Matsch von heute morgen noch erkennen kann. Sie bereiten alles vor! Trotz des widrigen Wetters sonnen wir uns in einem vollkommenen Glücksgefühl. Doch die Direktorin kommt, um es uns zunichte zu machen. Seitdem sie die Türschwelle übertreten hat, schlägt sie in die Hände. Was will das alte Kamel denn noch von uns?

„Ruhe! Ruhe!"

„Ruhe! Ruhe!" wiederholt Yvonne, um den Redefluß einzudämmen, der sich aus Adele Schick-Schicks Mund ergießt, obwohl dieser mit Reis vollgestopft ist.

Die Direktorin geht zum Schreibtisch hinüber, während Madame Barbin auf dem Podest einen großen runden Behälter abstellt, wie ihn die fliegenden Eishändler benutzen.

„Eis! Eis!" schreit Tönnchen.

„Ja, meine Kinder," sagt die Direktorin mit einem Lächeln wie Yvette Horner* auf den Schachteln von JOB-Zigaretten.

„Ja, als Nachtisch gibt es heute die wunderbare Überraschung, die unser Bürgermeister uns anbietet und sogar aus der eigenen Tasche bezahlt hat!"

Die Direktorin nimmt es selbst auf sich, die eisigen Lutscher zu verteilen, auf die sich die Mäuler stürzen.

„Das schmeckt! Das ist lecker!" jubelt Tönnchen, der sich nicht nur die Finger ableckt, sondern auch die Arme und sein Hemd, auf dem noch Spritzer vom Eis, das er bereits ganz aufgeleckt hat, schmelzen.

Dieses Fruchteis schmeckt wirklich gut! Außerdem ist es so grün, daß unsere Zungen wie Avocadoblätter aussehen. Jeder kann sich vorstellen, welche Witze wir wegen der grünen Zungen gerissen haben. Meine Freude ist jedoch von kurzer Dauer. Lina ißt nicht. Sie hat sich ihr Eis nicht einmal geholt, und wäre es, um es ihrem Bruder zu geben. Auch Mano hat sich nicht dazu bequemt. Was mag sich nur hinter all diesem Wirrwarr verbergen?

Die Direktorin kann nicht umhin, den Schönheitsfehler in ihrer Zeremonie zur Kenntnis zu nehmen.

* populäre französische Akkordeonspielerin

„Es bleiben zwei übrig", stellt sie fest. „Es bleiben zwei übrig!" teilt sie uns mit. „Wer hat noch kein Eis genommen? Schnell, es schmilzt!"

Linas und Manos Ohren sind so taub wie Schweinsohren in einem Kochtopf. Aber was fällt einem dieser hinterhältigen Weibsbilder ein, Lina zu verraten: „Lina, Madame! Lina hat keins genommen!"

Und dieser gemeine Raymond, nicht nur, daß er mit grüner Zunge erklärt: „Der hat die richtige Farbe ausgesucht, der Bürgermeister, die Farbe seiner Stimmzettel! Was für ein toller Typ!" – dieser Schuft von Raymond verpetzt auch noch Mano: „Mano, Madame! Mano wollte kein Eis nehmen."

„Lina war es!"

„Mano war es!"

Nun kennt die Direktorin also die Schuldigen. Darunter meine arme Lina.

„Wer ist Lina? Wo ist diese Lina?"

„Madame, ich hab meins schon gessen."

„Ich habe meines schon gegessen!" korrigiert die Gefängniswärterin streng. „Wiederhole!"

„Ich habe meins schon gegessen."

„Meines!"

„Meines."

„Wenn du es sagst. Nun, das ist deine Angelegenheit! Und Mano? Wo versteckt sich dieser Mano? Vorwärts, steh auf!"

Mano richtet sich auf, wenigstens teilweise, denn die gedrückte Stimmung krümmt ihm den Hals und läßt seinen Kopf schräg herunterhängen. Tapfer, trotz der Erfahrungen, die Lina machen mußte, gibt sich Mano, um nicht angeschnauzt zu werden, alle Mühe, sein bestes Französisch hervorzukramen. Er kann nur stammeln: „Mein Zahn ein Loch, süß macht mir weh."

„Ich habe ein Loch im Zahn, süße Sachen tun mir weh. Wiederhole!"

Während Mano die Leier wiederholt, hat Yvonne der Direktorin etwas ins Ohr geflüstert, die daraufhin das Gesicht verzieht: „Daher also! Wie ihr wollt, meine lieben kleinen Kommunisten, wir werden uns also an eurem Fruchteis delektieren und dabei an euren Gugu denken, der am Sonntag bei der Wahl selbstverständlich Monsieur De Maisonneuve unterliegen wird. Hier, nehmen Sie, Yvonne! Dies hier ist für sie."

„Was meint sie mit ‚Gugu'? Von was für einem ‚Gugu' spricht sie?" Tönnchen fragt uns mit leiser Stimme, was ich mich auch selbst frage.

„Das ist der Chef der Roten", sagt Raymond, der alte Zuhälter. „Die Familie von Mano und die von Lina sind bei der Wahlkampagne für die Kommunisten."

Jetzt kommt mir wieder in den Sinn, daß er das über Linas Eltern schon einmal gesagt hat. Aber was gehen mich diese Wahlgeschichten an! Lina selbst könnte soviel ‚gugutieren', wie sie will – ich würde sie nicht weniger lieben!

Meine Lina gibt ihr Lächeln nicht auf, während am anderen Ende unseres Tisches Mano hinrotzt: „Den Scheißdreck von Maisonneuve werde ich nie essen! Niemals!"

SAMSTAG, 10. MÄRZ

Bestürzung, sobald wir die Tür zur Kantine öffnen. Unsere Tische sind vollständig leer, weder Teller noch Gabeln, noch Gläser, noch Messer, keine Spur von Reis oder Curryfleisch, kein einziger Krümel Brot. Die Direktorin kommt. Nicht um unsere Besorgnis zu zerstreuen – ganz im Gegenteil.

„Meine Kinder", sagt sie in einem Ton, der wahrscheinlich unglücklich klingen soll, aus dem aber nur Strenge spricht. „Meine Kinder, heute gibt es nichts zu essen!"

Totenstille in der Kantine, hungrige, hoffnungsleere Stille. Ary sieht zum Erbarmen aus, Tönnchen ist kurz vor dem Heulen. Welcher der beiden wird als erster zu weinen anfangen? Gott, gib, daß es nicht Ary ist!

Die Direktorin läßt die Stille zur Katastrophe anwachsen, und es ist weder Ary noch Tönnchen, sondern Adele, die zusammenbricht und fleht: „Aber Madame! Warum, Madame? Was haben wir Ihnen getan, Madame?"

Madames Lippen werden weniger spitz, ihre Augen weniger streng. Ein Lächeln, ein Lachen fast: „Du kleines Dummerchen! Beruhige dich! Beruhigt euch! Euer Essen wird euch gleich gebracht. Doch sollte Monsieur De Maisonneuve am Montag nicht mehr Bürgermeister sein, wenn man es dem ‚Anderen' ermöglicht, ihm den Platz zu stehlen, dann wird unser Scherz, leider, leider, Wirklichkeit, und ich werde euch sagen müssen: ‚Es gibt wirklich kein Essen mehr!' Einige meinen vielleicht, ich hätte nicht das Recht, so zu euch zu sprechen. Doch wenn das Schiff unterzugehen droht, dann hat der Kapitän die Pflicht, alle notwendigen Maßnahmen zu ergreifen! Das ist alles!"

Yvonne, den Mund von einem Ohr bis zum andern aufgerissen, lacht breit mit ihrem neuen Gebiß. Sie rutscht hin und her, applaudiert und fragt schließlich frohlockend: „Soll ich das Essen bringen, Madame?"

„Tun Sie das, Yvonne, tun Sie das! Und vergessen nicht das Glas Piment."

Habe ich richtig gehört? Piment! Nun ist sie vollends verrückt geworden, die Kapitänin! Gestern zwingt sie dich, in einer hellen Mehlschwitze herumzupanschen und in einer Béarnaise zu vermodern, heute bietet sie dir Sturm und Orkan an!

Der Duft des gebratenen Huhns, das aufgetragen wird, zieht uns unwiderstehlich in seinen Bann. Das rote Feuer des roten Piments läßt uns das Wasser im Munde zusammenlaufen. Und der Anblick der eingelegten Zitronenstücke hätte Ludwig dem XIV. den Speichel aus dem Mund tropfen lassen – wäre er nicht ein Franzose gewesen! Ein königliches Essen, unbestritten!

Das Schauspiel der Direktorin wird mir den Appetit nicht verderben. Ich esse um so leichteren Herzens, als auch Lina ihren Teil nicht abgibt, weder an Adele Schick-Schick noch an Yvonnes Schwein. Daß wir essen, hindert uns nicht, den Kopf zu heben, und einige Male treffen sich unsere Blicke. Ein Lächeln oder ein gespieltes Lippenabtupfen, Lina hat immer eine Botschaft für mich.

Als die Direktorin uns den Rücken kehrt, um fortzugehen, schallt ein Spottruf durch den Saal: „Nieder mit Maisonneuve!"

Ich weiß nicht, wer diesen Schrei ausgestoßen hat und unter welchen Tisch er sich verborgen hielt, doch er hallt durch das Gemäuer und mit Sicherheit auch in den Ohren der bedauernswerten Mademoiselle. Die zur Diskussion stehende Dame erstarrt zu einer Salzsäule, macht aber schnell eine Kehrtwendung und geht zum Gegenangriff über: „Das war dieser Mano, das weiß ich sicher. Wo ist der kleine Halunke? Ich werde ihm die Ohren schon waschen!"

„Mano ist nicht da, Madame."

Gelächter befreit uns aus der unheilschwangeren Stille, die sich breitzumachen drohte. Leider zieht es Schlimmeres nach sich: „Ruhe! Seid ihr wohl still!“ Die Direktorin schreit sich die Zunge aus dem Hals.

Auch Yvonne betritt den Turnierplatz, zu jedem Kampf bereit. Doch anders als die aufgetakelte Fregatte bevorzugt unser Hausdrachen den Nahkampf: „Seid du still, seid du still“ kreischt sie.

Gerade ist wieder Ruhe eingekehrt, da stimmt die Direktorin ohne jede Vorwarnung die Nationalhymne an:

Allons enfants de la patrie-e

Le jour de gloire est arrivé …

Dann brüllt sie: „Alle! Ich verlange, daß ihr alle singt!“

Und wir singen. Auch Lina, zuerst stumm, dann aus voller Kehle, zumindest zwischen zwei Lachausbrüchen. Welche Freude! Ihr Blick wendet sich mir öfter zu, als es mir zusteht! Und ich singe, ich gröhle fröhlich die Marseillaise! Ich jubiliere die Marseillaise! Ich singe und lache zugleich. Doch die Ohrfeige, die Adele erhält – sie hatte nur noch zwei kleine Mundvoll herunterzuschlucken –, die schallende Ohrfeige auf Adeles Wange und der Reis, der ihr aus dem heulenden Munde fällt, geben uns zu denken. Um so mehr, als Mamsell auf einen Stuhl steigt, um unseren Chor richtig in den Griff zu bekommen.

Nachdem wir uns auf die Marseillaise eingeschossen haben, marschieren wir als *Fiers Gaulois,* ich und die anderen stolzen Gallier. *Das Regi-*

ment von Sambre-et-Meuse stärkt die Reihen der stolzen Gallier, die, obgleich schon reichlich gelichtet, sich weigern, den Kampf aufzugeben. Das bedauernswerte Lied der Partisanen, der *Chant des partisans*, muß dem Regiment Beistand leisten.

Wir kennen nur Bruchstücke dieser Romanzen. Deswegen ahmen wir, damit es nicht allzu viele Lücken gibt, die Laute der Direktorin nach. Yvonne ist darin von uns allen die am wenigsten Begabte. Sie ist zu nicht mehr in der Lage, als – zwischen dem Auf- und Zuklappen ihres weiten, blubbernden, dem Maul eines Riesenbarsches ähnelnden Mundes – die Schlußsilben zu wiederholen – die einzigen, die sie begreift oder im Sinn behält oder verunstaltet:

„Am Fuße des Weinbergs
ward ich einst geboren …"
„Dich eins geboren!"
„Von einer lieben guten Mutter …"
„Guten Butter!"
„Und ich bin stooolz …"
„ooolz!"
„Ein Bourguignon zu sein."
„jung sein!"

„Und jetzt hinaus! Ohne ein einziges Wort!" befiehlt die Direktorin, die uns noch Drohungen nachschickt: „Wehe, einer wagt noch, den Schnabel aufzureißen!"

Ary hat von dem ganzen Theater nicht das geringste verstanden: „Baya, gibt es heute keinen Nachtisch?"

„Still, Ary! Siehst du nicht, daß die Lage im Moment ungünstig ist. Montag bekommst du doppelten Nachtisch."

MONTAG, 12. MÄRZ

Die gestrigen Wahlen versetzen die Kantine heute in Aufregung. Es fehlen die Parteigänger von Maisonneuve, die sich durch ihre Abwesenheit zu erkennen geben. Zunächst Raymond, doch das war ohnehin klar. Dann Adele, Mithé und noch viele andere. Auch die Direktorin haben wir seit Samstag nicht mehr gesehen.

Ein Höllenlärm, trotz Yvonne, denn Yvonne ist da! Ein Riesengekreisch und Freudenausbrüche. Ein Orchester aus Blechtellern und Messinggabeln bricht sich Bahn. Mano dirigiert und liefert auch den Gesang:

Maisonneuve ist tot
Maisonneuve ist tot
Beugt sich vorn rüber
Steckt sich ne Kerze in'n Arsch ...

Das Lied ist ziemlich unverschämt und ohne jeglichen Witz. Vor kurzem hätte ich mich nicht darum geschert, doch heute lache ich aus vollem Halse. Nach dem Ständchen von Samstag soll mir keiner mehr mit Maisonneuve kommen! Und dann ist Lina da! Lina schwebt im siebten Himmel. Lina strahlt und sprudelt über vor lauter Freude!

Mano läßt nicht ab. Immer weiter provoziert er Yvonne. Auch Tönnchen, von dem wir nicht gedacht hätten, daß er heute käme, macht sich offen über Yvonne lustig. Aus allen Richtungen werden Anzüglichkeiten auf Dicker Tabak abgeschossen. Sie rührt sich nicht. Sie stützt sich mit den Ellenbogen auf den Schreibtisch und blickt auf uns, als wäre sie es, die uns verspottet. Natürlich heizt das noch mehr die Stimmung von Manos Bande an. Mano zieht die Trumpfkarte: das schärfste der Lieder, die Tönnchen während seines Zwangsurlaubs verfaßt hatte:

Den Tabak der dicken Yvonne
kann auf der ganzen Insel
nur die Piepe
des Bürgermeisters zum Qualmen bringen.

Dicker Tabak verzieht keine Miene. Sie lächelt schief, aber sie lächelt. Jetzt legt Tönnchen los. Er fuchtelt mit den Armen und schreit: „Was für ein unmöglicher Fraß! Was soll das sein? Das ist doch kein Essen!"

Es ist wahr, es gibt Essen. Ein ganz gewöhnliches, das übliche Montagsessen: Reis, Bohnen und Rindfleisch. Ary ist im Augenblick der einzige, der sich davon etwas nimmt, und zwar mehr als reichlich: eine Fuhre Reis, eine Wagenladung Hülsenfrüchte, mindestens die doppelte Portion Fleisch. Yvonne, deren Bedarf sicherlich gedeckt ist, zieht es nun vor zu gehen, was die

Freudenschreie verdoppelt. Und dann fangen wir an, uns zu bedienen. Reis und Hülsenfrüchte für mich, einen Gabelgriff Pimentgewürz. Das Rindfleisch aber ...

Plötzlich springt Ary auf. Er faßt sich an den Hals, an die Brust. Es scheint ihn innerlich zu verbrennen, zu zerreißen. Er leidet Höllenqualen. Nadeln, das Essen steckt voller Nadelspitzen. Wer anders als Yvonne könnte so etwas getan haben? Weiß jemand, wo sie sich versteckt? Und was würde das nützen?

Lina stürzt herbei, stützt ihren Bruder, ist um ihn herum. „Den Doktor", ächzt sie. „Wir brauchen den Doktor."

Den Arzt aus der Stadt heraufholen, das ist das einzige, was wir tun können, doch niemand ist da, der uns helfen könnte ...

Madame Barbin, fällt mir ein, Madame Barbin ist bestimmt in der Küche. Denn jemand muß das verfluchte Essen vorbereitet haben, ehe Yvonne die tödlichen Nadeln hineintat. Madame Barbin wird wissen, ob Heißes oder Kaltes nötig ist, ob er sitzen oder liegen muß, trinken oder nicht trinken. Madame Barbin wird uns helfen.

„Madame Barbin!" schreie ich. „Wir müssen Madame Barbin holen!"

Kaum ist Madame Barbin angelangt, renne ich zum Laden des Alten, den wir Monsieur ‚Ruhe' nennen und bei dem das einzige öffentliche Telefon des Dorfes steht. Mehr als fünfhundert Meter auf dem alten, kaum planierten Felsweg. Doch meine Füße sind Schlimmeres gewöhnt. Was denke ich an meine Füße! Ary! Die Nadeln im Essen! Der Doktor! Den Doktor anrufen! Und Lina! Linas schreckliche Angst! Dieses Miststück von Yvonne! Arys unerträgliche Schmerzen! Der Doktor dort unten in der Stadt, zehn Kilometer furchtbar schlechte Wegstrecke von uns entfernt! Lina wird von Angst verzehrt! Lina ist unglücklich! Lina, Lina, Lina!

Der alte Ruhe macht seinem Namen keine Ehre: Er sieht ganz aufgeregt aus, bewegt sich hastig, seine Stimme ist heiser. Er drückt auf die Telefongabel, hebt ab, legt wieder auf, wird ärgerlich, beginnt von neuem, ärgert sich noch mehr und sagt schließlich Dinge, von denen er bestimmt nicht überzeugt ist: „Diese Madame Allamanda arbeitet nicht, sie schläft. Sie mag so schön sein wie ihr blumiger Name, aber ihre Arbeit macht sie nicht. Ich werde ihr die Meinung geigen, wenn ich in die Stadt runtergehe.“

Er legt auf, scheint sich zu beruhigen, läßt es erneut klingeln und erregt sich wieder. Und ich, ich sage nichts, bin verständlicherweise aber noch viel aufgeregter als er. Nach zahllosen Versuchen bekommt er endlich die Dame von der Post an den Apparat: „Ich möchte den Doktor sprechen, bitte ... Selbstverständlich ist es dringend, was denken Sie denn! Ich weiß, daß es schwierig ist. Machen Sie schnell, machen Sie schnell! Mach voran, Guter Gott! Mach voran!“

Der Alte legt den Hörer auf. Als er meine besorgte Miene sieht, sagt er: „Mach dir keine Sorgen. Sie ruft mich gleich zurück.“

Ich renne schon wieder wie der Teufel – der Doktor kommt nicht zu uns herauf. Der alte Ruhe sagt, der Doktor will auf dem huckeligen, von den eisenbeschlagenen Rädern der Fuhrwerke tief zerfurchten Weg nicht sein schönes großes Auto ruinieren.

Er kommt nicht, der alte Schurke, unter einem fadenscheinigen Vorwand: „Wenn ich Ihnen doch sage, daß es unmöglich ist! Jetzt gleich muß ich einen Hausbesuch machen. Dieser Patient kann ebenfalls sterben. Hören Sie, bringen Sie ihn mir her, und er kommt als erster dran.“

Auf den Rat des Alten hin renne ich also jetzt zu Tönnchens Vater. Monsieur Sumard möge bitte seinen Lastwagen anlassen und Ary hinunter ins Krankenhaus bringen. Er möchte schon, doch mag auch der Laster? Die Zuckerrohrernte ist schon seit drei Monaten vorbei, und seither hat der Schrotthaufen im Garten unter dem Mangobaum geschlafen.

„Paß auf“, sagt Vater Sumard und füllt mit der Gießkanne den Kühler, „ich habe es bisher noch immer geschafft, ihn flottzukriegen. Der Anlasser geht nicht mehr, und ich habe nicht mehr die Kraft, den Motor mit der Kurbel anzuwerfen. Aber es ist noch ein Rest Spannung in der Batterie, der ausreicht, um den Motor auf einem abschüssigen Weg anzuwerfen. Und abwärts geht es hier ja überall", sagt er und zeigt auf die Abhänge, die kilometerweit bis zum Meer hinunterfallen.

Tönnchens Papa beruhigt mich etwas und macht mich zugleich rasend. Rasend, weil er sich für alles soviel Zeit nimmt, vor allem dafür, Witze zu machen. Trotzdem stehen wir schließlich doch auf dem Schulhof. Ary wird zur offenen Ladefläche des Lastwagens getragen. Wir legen ihn auf eine kleine Matratze, die Madame Barbin irgendwo aufgetrieben hat. Wir legen seinen Kopf auf Linas Knie. Und ich, ohne irgend jemanden irgend etwas zu fragen, steige auf und setze mich, den Rücken an das Fahrerhäuschen gelehnt, auf einen Haufen Ketten, mit denen Zuckerrohrstangen zusammengebunden werden.

Im letzten Augenblick stürzt Madame Barbin herbei, einen Topf mit Gemüseblättern in der Hand. Sie hat extra harte und faserige Blätter ausgesucht, die sich um die Nadelspitzen wickeln und Arys Magenwände so gut schützen sollen, wie das nur eben möglich ist.

Wir fahren los. Lina hält den großen Kopf ihres Bruders, der wie ein Märtyrer schwitzt, und unter den Stößen der holprigen Straße und der zerbrochenen Federung versuche ich, ihn dazu zu bewegen, etwas zu essen. Ary will zuerst nicht, doch Lina bittet ihn, fleht ihn an. Ich schreie ihn sogar an. Dann schließlich schluckt er Häppchen für Häppchen, ganz klein wenig und noch einmal ganz klein wenig, fast Faser für Faser den Inhalt des großen Topfes.

Madame Barbin hatte wirklich recht. Ary, der so geklagt hat, wird langsam ruhiger und hört sogar auf, so herzzerreißend zu seufzen. Lina holt ein sauberes Taschentuch aus der Tasche und wischt ihm die Lippen.

„Wir werden ihn retten", denke ich laut.

Ary schaut mich an. Dann schaut er meine Lina an, die für einen Augenblick sanft lächelt.

„Ich habe Baya gern, weißt Du?" sagt er zu ihr.

„Ich auch", antwortet sie.

„Ich habe ihn sehr, sehr gern."

Ary schließt die Augen, öffnet sie sofort wieder, denn Lina fügt hinzu: „Was mich betrifft, so kannst du dir überhaupt nicht vorstellen, wie sehr!"

Ary schläft augenblicklich ein. Statt mich wie üblich an ihrer Liebe zweifeln zu lassen, hebt Lina, rot wie eine reife Paprika, den Blick, den sie bislang gesenkt hatte, und sagt leise, fast an mich gerichtet: „Als wenn du das nicht schon wüßtest!"

Guck-mal-Preis für Axel Gauvin: Kindheitshunger

„Kindheitshunger“ kommt aus einer uns nahezu unbekannten Region: von Réunion, der Insel im Indischen Ozean, die zum französischen Übersee-Département gehört und zwischen Madagaskar und Mauritius liegt. Axel Gauvin, der selbst auf Réunion geboren wurde und dort lebt, hat seinen Roman, der in den fünfziger Jahren spielt, erst auf kreolisch, dann auf französisch geschrieben.

Axel Gauvin erzählt aus der Perspektive seines Helden, mit viel Witz und in einer umwerfend direkten Sprache, die Geschichte des 15jährigen Soubaya, der von der multikulturellen, urbanen Küstenregion in das Hochland kommt, in eine rückständige, bäuerliche Region, und dort die Schule besucht. Zunächst fremd und überdies als einziger Inder unter Weißen, lernt Soubaya sich nach und nach durchzusetzen, gegen den Rassismus, im Konflikt mit seinen Mitschülern, im Konflikt zwischen der kreolischen und der französischen Kultur.

In welchem Verhältnis die Bevölkerung Réunions, gleich ob indisch, chinesisch, afrikanisch oder weiß, zu den Frankreich-Franzosen steht, wird klar bei den Bemühungen der neuen Schuldirektorin, den kreolisch sprechenden (weißen)

Kindern ‚richtiges Französisch' und französisches Essen beizubringen. Die scharf gewürzte kreolische Küche mit ihren Gemüsen, Früchten und den zwei Nationalspeisen Curry und Rougail kämpft hier einen symbolischen Kampf gegen den französischen Kulturkolonialismus. Soubaya widersetzt sich gemeinsam mit seinen weißen Mitschülern diesen Anmaßungen. Und er erlebt seine erste Liebe ...

„Kindheitshunger" erzählt, anhand des täglichen Mittagessens in der Schulkantine, von einem mehrfachen Hunger: dem Hunger der ewig unterernährten Schulkinder, dem Hunger nach Liebe, nach einem besseren Leben, nach Anerkennung und Achtung der eigenen Kultur, dem Hunger nach Solidarität zwischen den einzelnen Bevölkerungsgruppen, nach gesellschaftlicher und politischer Veränderung.

Mit der Schilderung der Erlebnisse Soubayas ist Axel Gauvin ein Meisterwerk gelungen, dem die Aktion *Guck mal übern Tellerrand. Lies mal wie die andern leben* 1995 ihren Preis zuerkannt hat, der alle drei Jahre für ein herausragendes Kinder- oder Jugendbuch aus Afrika, Asien oder Lateinamerika verliehen wird.

Die Aktion *Guck mal übern Tellerrand. Lies mal, wie die andern leben. Dritte Welt im Kinder- und Jugendbuch* ist eine Initiative der Deutschen

Welthungerhilfe, von UNICEF Deutschland sowie der Gesellschaft zur Förderung der Literatur aus Afrika, Asien und Lateinamerika e.V. und wird von der Kommission der Europäischen Union finanziell unterstützt. Sie informiert über Kinder- und Jugendbücher aus und über Afrika, Asien und Lateinamerika sowie zu den Themen Migration und Multikultur.

Das Informationsmaterial der Aktion (Empfehlungslisten, Aktionsleitfaden, Poster, Aufkleber) können Sie beim Buch- und Medienvertrieb, Postfach 20 03 28, 42 203 Wuppertal bestellen. Das Aktionspaket kostet 8,– DM, die wir Sie bitten, Ihrer Bestellung in Form von Briefmarken beizulegen.

Die Aktion *Guck mal übern Tellerrand* bietet die von ihr empfohlenen Kinder- und Jugendbücher auch als Ausstellung an. Diese kann von Schulen, Bibliotheken, Gemeindezentren, Eine-Welt-Gruppen usw. gegen Erstattung der Porto- und Verpackungspauschale für 4 – 6 Wochen ausgeliehen werden.

Darüber hinaus vermittelt die Aktion AutorInnenlesungen, beteiligt sich an Fortbildungsseminaren und berät Sie bei Ihren eigenen Vorhaben. Bitte wenden Sie sich an:

Deutsche Welthungerhilfe
Adenauerallee 134, 53113 Bonn
Tel.: 0228/2288129
Fax: 0228/220710

Gesellschaft zur Förderung der Literatur aus Afrika, Asien und Lateinamerika e.V.
Postfach 10 01 16
60 001 Frankfurt/M.
Tel.: 069/2 10 22 70
Fax: 069/2 10 22 27

Deutsches Komitee für UNICEF

Gesellschaft zur Förderung der Literatur aus Afrika, Asien, Lateinamerika e. V.

Deutsche Welthungerhilfe